青春美文精品集萃丛书
回忆长廊系列

U0608906

回忆是
画满童真的
彩纸

《语文报》编写组 选编

时代文艺出版社

图书在版编目（CIP）数据

回忆是画满童真的彩纸 /《语文报》编写组选编.
-- 长春：时代文艺出版社, 2021.6
（青春美文精品集萃丛书.回忆长廊系列）
ISBN 978-7-5387-6751-3

Ⅰ.①回… Ⅱ.①语… Ⅲ.①作文－中小学－选集
Ⅳ.①H194.5

中国版本图书馆CIP数据核字(2021)第095602号

回忆是画满童真的彩纸
HUIYI SHI HUAMAN TONGZHEN DE CAIZHI

《语文报》编写组　选编

出 品 人：陈　琛
责任编辑：孟宇婷
装帧设计：陈　阳
排版制作：隋淑凤

出版发行　时代文艺出版社
地　　址：长春市福祉大路5788号　龙腾国际大厦A座15层　（130118）
电　　话：0431-81629751（总编办）　　0431-81629755（发行部）
网　　址：weibo.com/tlapress（官方微博）　　sdwycbsgf.tmall.com（天猫旗舰店）
开　　本：880mm×1230mm　1/32
字　　数：135千字
印　　张：7
印　　刷：三河市嵩川印刷有限公司
版　　次：2021年6月第1版
印　　次：2021年6月第1次印刷
定　　价：36.00元

图书如有印装错误　请寄回印厂调换

编 委 会

主　　编：刘应伦

编　　委：刘应伦　赵　静　李音霞

　　　　　郭　斐　刘瑞霞　王素红

　　　　　金星闪　周　起　华晓隽

　　　　　何发祥　朱晓东　陈　颖

　　　　　段岩霞　刘学强

本册主编：李本银　赵　欣

Contents
目 录

舞 动 生 活

你言我语道妈妈

那声音常在心田

总想为他唱首歌

回忆是画满童真的彩纸

在白天看星星

舞 动 生 活

我健康，我快乐！

陈宝林

　　健康的身体是我们的资本，有了强健的体魄，我们的人生道路才会一片光明。健康，是无价之宝，它一直在我们身边，从未远去；但，也许就是我们，曾一点点抛弃它，一步步将其摧毁。

　　病从口入。学校小卖部里、五颜六色的包装袋里、形形色色诱人的食品广告里，花花绿绿的小食品个个都是健康的无形杀手。正因为有了这些，病菌像魔鬼一样侵蚀着我们健康的身体，一点点将其摧毁；正因为有了这些"糖衣炮弹"，我们在一旁如痴如醉品尝它的"美味"时，它却悄无声息地向我们传播疾病。"美味"是这些商贩精心准备的陷阱。我们身陷其中却无法自拔。我们心甘情愿地向它们掏腰包，谁知它们却在背后暗下"杀手"。这些"三无"的小食品，里面蕴藏着大量鲜为人知的病毒，花花绿绿的小食品把我们推向疾病的深渊。吃了它们，痛苦一个个接踵而来，过敏性紫癜是它的副产品之一，它会使我们只能在床上痛苦地呻吟，而对窗外辽阔的天空，只能深深的叹息……

摧毁健康的是谁？是形形色色的小食品吗？不！罪魁祸首是我们自己。我们把病菌填满了嘴巴，却对这些仍一无所知，我们要学会抵制不良诱惑，为自己的健康负责，不能让它光鲜亮丽的外表迷惑了我们，"金玉其外，败絮其中"就是这个道理呀！有了健康即有希望，有了希望即有一切。呵护我们的健康，健康赠予我们的是活力。在我们的生命潜流中，只有健康才会使我们走得更远，珍爱健康吧！

其实，一个人，拥有健康的身体固然重要，但拥有健康的心理更重要。否则，健康的身体毁于一旦只是瞬间的事。相反，身体残缺，但内心却依然健康美丽，就可以活出精彩的人生。即使我们不能事事如意，人生之路坎坎坷坷，但只要我们开开心心迎接每一天，笑看生活，我们的生命之花就会灿烂绽放。

多少身残志坚的人，正因有了健康的心理，面对困境才能坚忍不拔。拥有了健康的身体，同时也拥有了一个健康的心理，我们的生活才会愈加多姿多彩。

让健康伴我成长，有了健康就拥有了自信；有了健康，就拥有了笑容；有了健康，就拥有碧水蓝天；有了健康，就拥有无限可能；有了健康，会使我们活力四射，以奋发拼搏的勇气迎接生活！

我健康，我快乐！

我是千里马

曹 阳

"千里马常有，而伯乐不常有。"韩愈绝对是一个伟人及智者及看破红尘之人，这句话太深刻，太精辟了！

"我的伯乐啊，你快出现吧！"我第N次号叫，趴在桌子上，浮想联翩，如果哪天，一堆人冲到我面前，来上一句："你是人才！"那该是怎样的画面啊，想想就让人兴奋，可是，远得很。

我第一次登上舞台是在三年级的时候，在英语小话剧《小红帽》中饰演小红帽，于是我开始在学校崭露头角。后来，在我的一位热情、积极的班主任的步步引导和帮助下，我开始参加从学校到东台和盐城的各种各样活动，也得过不少的奖。五年级以后，我一度认为自己再也不会亮相舞台了，可奇迹般的被音乐老师拉进了少年宫。可以说，我对舞台并不害怕，反而有些喜欢。我尤其喜欢那种闪光灯打在身上的温暖，并享受那完美谢幕后的舒坦。然而，我并不打算把这个作为我的终身职业，这只是特长吧，也算是我的一种人生阅历。

我喜欢写作，这个得益于我的语文老师，她指导我写作，并对我的文章精心修改，直到变成铅字。这学期，我拿到了三张来自不同杂志的稿费单，也让我得到了人生的第一桶金。看到同学们流露出羡慕的神情，更增强了我写作的欲望。老爸看到那些铅字，跟捡了宝似的，成天跟我念叨莫言、史铁生之类作家。我奢望着这样的生活：一座安静整洁的小木屋，我坐在窗边，看风景、听音乐、写文章，那算得上世外桃源吧，多好啊。

是金子总会发光的，只要是人才，就会有伯乐发现的。

舞 动 生 活

杨 洋

星期五晚上，我还像往常一样去小区的灯光广场打球。不一会儿，来了二十多位老奶奶，她们大多是农场的退休老人，年龄小的五十来岁，年龄最大的是邻居王奶奶，她今年已经是七十五岁的高龄了。

今晚没有什么人打球，老人们就直接到球场中央，站好队形，随着音乐响起，她们跳起舞来。领舞的那位老奶奶双鬓花白，看她跳舞的动作非常熟练灵巧，身体应该不错。她们跳的是集体舞，刚开始跳得并不默契。一位体型微胖的奶奶，她跳舞的样子很像一只憨憨的大熊猫。我在一旁看着，不由觉得有些好笑。

她们泰然自若地跳着，不时对照领舞者的动作，自己学会了，还热心地教别人。跳着跳着，她们的动作娴熟起来。我看着看着，渐渐地放下手里的球，坐在旁边的木椅上欣赏起来。

第二天晚上，老人们又在球场上聚集了。和昨天相比，有了很大变化。首先是跳舞的人数增加了一倍；其次，她们都穿了统一的舞蹈服装：红底布料上绣着许多金色的花朵，非常具有民族特色，她们手执一把黄绸扇，很是醒目。

我和球友商量了一下，主动让出位置给老人们跳舞，她们纷纷向我们点头微笑，表示感谢。

随着音乐的响起，老人们挥动着手臂，脚步和着节拍，时而向前，时而后退，领舞的老人声音响亮地指挥着："左——右——转圈——"

她们的动作渐渐整齐划一，一会儿弯下腰，一会儿缓缓站起，继而来个回头望月，轻轻扇动扇子，忽而用扇子遮住脸，有些犹抱琵琶半遮面的感觉。

球场周围的观众渐渐多起来了。有遛狗的大爷，有年轻的妇女，有穿着轮滑的小朋友……后面的人伸长脖子往里面探，观众群里的掌声不断响起，和着音乐，成为舞蹈的伴奏。

后来，广场上跳舞的人更多了，热情也更高了，只要不是刮大风下大雨，总有许多人在广场上跳舞，有好些老大爷也加入了跳舞的队伍，跟着音乐，扭扭腰，活动活动筋骨，抖擞抖擞精神。

这些老人终于从日复一日的洗衣、做饭、睡觉、看电视的框架中走出来了，他们知道了怎样享受生活。

是啊，生命在于运动。舞蹈，让人们的生活充满欢乐，也使小区的夜晚充满了活力，充满了韵味。

一次听写考试

张诗婷

今天上午，我去董老师家学作文。董老师说："我们今天换一种形式写作文。我给你报词语听写，你把听写的过程写下来。"随后，董老师让我把《桂林山水》《记金华的双龙洞》《七月的天山》《中彩那天》《尊严》等几篇课文复习一下，他自己则去准备等会儿要听写的词语。

我把课文随便翻了一遍，把课文中的词语看了一遍，心想：这些课文我都学过，再说老师以前也考过词语听写，肯定没问题的。

开始报听写了，董老师念出了"翡翠""怪石嶙峋"两个词语。这两个词语好难写呀，就好像是几根硬骨头那么难啃。由于准备不充分，开头两个词语都没写对，我懊悔地拍了拍自己的脑袋。过了一会儿，老师又报出了"波澜壮阔""五彩缤纷"。这两个还算简单，我开始得意了。没想到，接下来"危峰兀立""饮马""萦绕"这几个词又把我给打蒙了，我真后悔刚才复习得不够认真。接着，老师又报出了"白皑皑""花团锦簇""梦寐以求""馈赠""晾晒""耽误""狼吞虎咽"七个词，这对我来说小菜一碟，因为刚才复习时多看了几眼，印象很深。刚才听写失利的不快，顿时被这几个词扫得一干二净。最后一个句子"己所不欲，勿施于人"，我想都没想就写上去了。

听写考试结束后，董老师给我评改，有两个字写不出来，有六个字写错了，比如句子中的"勿"写成了"误"，"饮马"的"饮"没有写，因为我忘记它是多音字了，读"yìn"，是"让……喝"的意思。十九个词只对了九个，连半数都没有达到。

这次听写考试，让我明白了一个道理：记词语不仅要记字形，还包括记读音和意思，不能死记硬背，要掌握技巧和方法。当然，复习时一定要认真下功夫哦！

小 巷

王 楠

我家住在蜈蚣桥附近的小巷里。这条小巷虽然没有江南水乡中的两侧青瓦老屋，细雨飘摇，屋檐滴水，远处还站着一位撑着油纸伞的丁香姑娘；也没有古色京都里挂着的一串串苍翠欲滴的藤萝，以及几枝娇艳的桃花杏花。但我家的小巷里面长年充满着油烟和蒸米饭的味道。小巷已经很老了，青苔爬满了小巷的墙壁和砖缝，偶尔还可以看到一两株白色的蘑菇亭亭玉立地长在石墙上，装饰着这寂静的小巷。

这里有着格外浓郁的生活气息，那些光着膀子的男人，抱着婴孩的妇女，总喜欢在黄昏时分聚在这里，搬几把小板凳，泡上一壶香茗，八卦着一天的新鲜事。

每当下雨过后，那微湿的青苔便散发出淡淡的清香；深红色的砖瓦在雨珠中闪闪发光，放眼望去，仿佛一件大型的珍宝。那一刻，小巷真的好美好美。

　　每当我走在小巷中，总有附近居住的阿公阿婆向我问好，那份浓得化不开的邻里情，就这样在小巷中弥漫开来，在我的心头轻轻荡漾。

　　有时候，我也会变得惆怅、彷徨起来。升学到市内读初中，我不得不选择离开小巷，迷茫间看到小巷里的人趿着拖鞋，懒散又如此自在地走在小巷中，便不免惘然：这小巷的时光，我终有一天会失去，所以我现在能做的，便是好好珍惜这段美丽的时光。

　　坐在家里的露天阳台上，端上一杯香气四溢的龙井，任光阴流逝，看月出月落，小巷被银色的月光包裹着，宛如美丽的月宫，你看，那缥缈的雾气不正是嫦娥手中所持的白练吗？

　　此时，茶如酒，小啜一口，便这样浓浓地醉去。偶尔巷中传来几声犬吠，便又将我从醉意中唤回……

　　我慢慢地站了起来，岁月仿佛定格到了最美好的一刻。

　　这无言的小巷屹立在这里，已成了我对家的依恋。

　　这古老的小巷，在不经意间诉说着时间的轮回……

家有"学爸"

朱艺舟

　　我的老爸白白净净、斯斯文文的，高高的鼻梁上架着一副眼镜，那双眼睛里永远闪动着智慧的光芒。无论何时，他手里总是捧着一本书；我和弟弟不管遇到什么问题，总能在他那里找到答案。所以我和弟弟尊称他为"学爸"。

　　"学爸"从小就是个"学霸"，每次一提起他当年的"傲人成绩"，奶奶就会一脸的自豪，滔滔不绝："你爸呀，上小学的时候次次考试都是'双百'，作文还得过一等奖……"奶奶最为得意的一件事就是，理科出身的爸爸报考文科的法律硕士，不但通过了，而且在上学期间考取了全国律师资格证，撰写的几篇论文还发表在了国家一级期刊上！

　　擅长语文的我遇到数学总是"卡壳"，请教老爸的时候总会招来他的鄙视："这种题还用讲，瞄两眼就会了！"然后"刷刷刷"地写出答案让我自己研究解题思路，再给我出两三道类似的题目，全然不顾我欲哭无泪的表情……

记得我刚上一年级没多久，老爸忽然"人间蒸发"了，一个月后又奇迹般地出现了！从妈妈口中我得知，老爸是为了备战公务员考试去"封闭学习"了。这一年，老爸通过了这座录取率只有3%的"独木桥"，光荣地成了一名公务员。

尽管如此，现在老爸依然忙得团团转。白天上班，晚上一头扎进书房，搬出几本堪比砖头的大书学习不辍。有一次我半夜起床上厕所，忽然发现书房里还亮着灯。我使劲儿睁开蒙眬的睡眼看了一眼时钟，什么？都凌晨一点了！老爸依旧端坐在书桌前专注地看书，仿佛忘记了时间，手里还在写写画画。我忍不住轻声说："老爸，都这么晚了，早点儿休息吧！"他抬头看了看我："我这就休息！"说完，他轻轻地把我牵上床，给我盖上被子。望着他布满血丝的眼睛，我大概明白了为什么老爸是"学霸"了……

家有如此"学爸"，我又怎能放松学习呢？每当我被数学难题折磨得痛苦不堪，想打退堂鼓时，只要想起我的"学爸"，我就能打起十二分的精神重新"应战"。我相信，在"学爸"的"学霸精神"激励下，我一定能不断前进，超越自我，成为我家的第二个"学霸"！

跟着老船长去捕鱼

官语晨

上个周末，妈妈带着我到美丽的滨海之城——福建平潭的海边游玩。在导游的推荐下，我们体验了一件趣事——跟着"老船长"出海捕鱼。这是我第一次和妈妈，还有许多小伙伴一起参加亲子游活动。

当导游带领我们一行人来到海边时，我们远远就望见了停在浅水上的一艘艘大木船，每艘船都有五六米长。"噢——捕鱼去喽！"我和小伙伴们兴致高涨，欢呼着冲向大木船。几位年纪在五十岁左右，全身黝黑的伯伯迎上前来，笑眯眯地说："别急，别急，穿上救生衣，每艘船限载十人！"导游介绍说，这些伯伯是当地的资深老渔民，也就是今天带我们出海捕鱼的"老船长"。

很快，我们都穿好了救生衣，在导游和"老船长"的安排下上了船。每艘船上都有两名"老船长"，导游说，他们一名负责掌舵，另一名和我们一起捕鱼。

"轰轰轰……"伴随着大木船的马达声，我和小伙伴们按捺不住满心的欢喜，兴致勃勃地出海捕鱼喽！

在一望无际的蓝色大海上，海浪忽高忽低，忽急忽缓，忽断忽续。在阳光的照耀下，海面犹如一条无边无际的大锦缎，闪着耀眼的光芒。不时有鱼儿跃出水面，在空中划出一条优美的弧线，随后又落入水中。

正当我沉浸在眼前的美景和无限的遐想中时，船身忽然猛地往右边一晃，吓得我们心惊肉跳，直淌冷汗。原来，这是"老船长"来了个急转弯。很快，小船儿又轻轻晃荡起来。真是虚惊一场！这可比游乐场的海盗船惊险刺激多啦！我们个个都捂着胸口，一副生怕小心脏飞出去的样子。

接着，"老船长"将船上的渔网收了起来，用力往海里一抛，渔网渐渐地沉了下去。海里会有什么东西呢？渔网会捕上来什么呢？大家不禁七嘴八舌地议论了起来，脸上洋溢着期待的光芒。

等了一阵，大家都迫不及待地叫了起来："收网啦！收网啦！看看能捕到什么宝贝！""是呀是呀！老船长，快收网！"可"老船长"却笑眯眯地说："现在还不能收网，要等回到岸上再收哟。"什么？要回到岸上才能收网？我们都有点儿失望。

十几分钟后，渔船朝岸边驶去。到了岸上，"老船长"将大家分为左右两个大队，每个队各拽一条绳子，齐心协力地将绳子往后拉——这就是收网了。岸上的爸妈们有的乐呵呵地举着相机为我们拍照，有的为我们加油呐喊，还有的卷起袖管，加入了我们的行列。"一二三，加油！一二三，加油……"在加油声中，我们使出全身的劲儿，动作一致地往后倒。大概是因为太用力了，我的小手磨得火辣辣地痛。我回头一看，小伙伴们的脸涨得通红通红，个个都"呼哧呼哧"地喘着气。渐渐地，我们都有些体力不支了，小伙伴们不时探头向海中望去，看渔网收上来了没有。

又过了一会儿，我听到有人说网拉上来了，我们赶紧撒手，争先恐后地跑过去一探究竟。这一网会捕上海底的珍宝吗？应该有珊瑚之类的东西吧？我不禁浮想联翩。"老船长"把我们的战利品倒进了一个大竹篮，哇，真是大丰收呢！有箭鱼、河豚、海树……一只可爱的小墨鱼调皮地往地上跳，还吐了一地的黑墨，真有趣！

丰收的喜悦溢满心头，大伙儿个个喜笑颜开："哇，这条鱼可真大！""这条好可爱！"我的好伙伴陈奕君将一条箭鱼放在手里，轻轻地抚摸了起来，一副如获至宝的样子。我选了一棵小海树，准备把它永久珍藏起来，因为，它的身上有海的味道呀。

晨起"闹剧"

缪 淇

早晨闹钟响起，意味着新一天即将开启，而对我家来说，却是一场场"闹剧"的开端，不过也是多彩多样的"闹剧"。

"起来，不愿做奴隶的人们……"六点，妈妈的手机闹铃声如期而至，如同《义勇军进行曲》般的斗志昂扬，妈妈嗖地爬了起来，刷牙、洗脸，然后去做饭，锅碗瓢盆的碰撞声如同一场音乐剧在厨房上演，那声音传递出家的温暖，是一位妻子和母亲对丈夫和孩子的爱。

六点二十分，"丁零零""请你不要睡懒觉""丁零零……"我和爸爸的闹铃声同时响起。

六点三十分，妈妈用最高分贝喊我和爸爸赶紧起来。"迟到"这字眼儿真是比一百杯咖啡还管用，我像僵尸一样突然从床上坐起来，爸爸赶紧按下手机闹铃，丢下手机起床。接着问题来了，我和爸爸的求救声此起彼伏——"妈，我袜子只有一只了，我拖鞋不见了！快拿来啊！""老婆，我的袜子两只都没了，是不是你穿错了？诶，我手机去哪儿了？"

好不容易解决了穿着问题，我们三个又在争洗手间这个问题上争执不下，爸爸要拉肚子，妈妈要化妆，我要刷牙洗脸……

七点，随着"嘭"的一声关门声，整个房子又归于平静，但残局却让人哭笑不得：床上的被子乱成一团，桌上的碗筷横七竖八，爸爸和我的衣服、裤子、袜子随处可见，洗手间内的毛巾、牙刷不知为何来到了沙发上……

"丁零零……"咦？人都刚出门，怎么屋内还有铃声？

别惊讶，是那位一早起来就玩手机的先生把手机落在了家里。

"闹剧"于七点十分"完美"落幕。

家是什么？在我心里，这就是家——在一阵阵闹铃声中家人上演的一场场"闹剧"。我爱这"闹剧"，它是那么温馨，那么温暖。

家 有 新 丁

马子沛

    舅妈生了一个儿子，这意味着又有一个人管我叫哥哥了，我真是太高兴了！今天小表弟过满月，我迫不及待地赶到阎良，去看看这个小宝宝到底长什么样子。

    满月宴设在一家四星级的酒店里，我推开客房的门，一眼就看见姥姥怀抱着正做着香梦的表弟坐在沙发上，我赶忙跑上前看。只见他被包裹在被子里，小脸蛋粉嘟嘟的，还没有我的手掌大，翘起的小鼻头，像一个滑稽的箭头，嘴巴小巧而红润，如同一枚小小的樱桃。

    突然他的姐姐（我的表妹）把他的帽子给摘掉了，我才发现原来他是个秃头，逗得我差点儿笑出声来。姥姥呵斥了表妹一句，匆匆把表弟的帽子戴好。原来小婴儿头顶的囟门没有闭合，需要好好保护。他的小手粉粉的，手指白白嫩嫩的，我忍不住摸了一下，非常柔软，像丝绸一样光滑。

　　表弟突然大哭起来，我吓了一跳，以为是自己把他吵醒了。姥姥摸了摸他的纸尿裤说："估计又拉了。" 爸爸自告奋勇要给他换纸尿裤。在纸尿裤揭开的瞬间，我看到他的屁股上粘着黏糊糊的屎，就捂着鼻子一溜烟地逃跑了。过了一会儿，爸爸抱着换好纸尿裤的小宝宝走出房间，我看到他趴在爸爸肩头，睁着黑宝石一样的眼睛。可是，没过几分钟他又哭了起来，姥姥说他是肚子拉空了，要吃奶了。舅妈给他冲了一瓶奶，他含住奶嘴，大口大口地喝起来，看来是饿坏了。

　　小表弟非常爱哭，尿尿的时候哭，拉完屎要哭，饿了也会一直哭，想叫人抱也要哭。如果他既不饿也很舒服，就安安静静地躺在大人的怀里，睁着大眼睛打量着这个世界，或是闭上眼睛进入甜甜的梦乡。

　　小表弟像一个会施魔法的小精灵，让姥姥、姥爷乐得合不拢嘴；让舅舅在酒席上高兴得喝红了脸；让表妹一夜间长大，变成一个充满爱心的姐姐。我也很喜欢这个小家伙，非常欢迎他来到这个阳光灿烂的世界，希望他健康成长，盼望他快快长大和我一起玩，等着他叫我一声哥哥……

我和"粗心鬼"

黄润泽

　　我觉得，胖子的肚子里一定住着馋猫，所以他们总是吃不够；女生的眼睛里装着两个水龙头，所以她们常常"哗哗"流泪。那么，我的粗心大意又是怎么回事呢？嗯，我一定是被"粗心鬼"附身了！

　　别看"粗心鬼"平时沉默寡言，它一发功，可了不得！如果它心情不好，大发雷霆，就会把我脑子里的筋剔掉，所以老妈才经常骂我："这么简单都出错，脑子里缺了根筋吗？"

　　记得有一次，我不知怎么惹了"粗心鬼"，它把我好不容易才储存好的知识藏了起来。面对数学试卷，我感觉自己像个外星人，脑袋里剩余的那点儿知识根本不够"塞脑缝"。更惨的是，做题时，我的眼睛仿佛被它调成了黑夜模式，对各种明显的错误视而不见。试卷发下来后，我发现自己得了人生中第一个79分，那大大的红叉叉自然成为老妈和老师"攻击"我的"武器"。当晚，我的卧室灯火通明。你问我在干吗？抄试卷呗！我一直抄到凌晨一点，还不是托了"粗心鬼"的"福"吗？

"粗心鬼"也有打盹儿的时候。它一打盹儿，我就非常细心。一个周末的早上，我去上枯燥乏味的辅导班。出门时，我用钥匙锁了门，因为老妈告诉我，如果只是随手带上门，不用钥匙锁门的话，小偷很容易利用猫眼把门打开。我离开的时候，周末在家休息的老爸还在卧室睡觉。他醒来后，想出门办事，结果发现门被锁了！从外面锁上的门，里面打不开，他只能给老妈打电话求救。总是数落我粗心的老妈赶回家后才发现，自己居然忘了带钥匙！她想叫开锁公司，但一想到邻居上次开个锁花了三百多块，又有些心疼。迫不得已，她给我打电话，把我叫回了家。当我回家成功解救出老爸后，可怜的老爸急得连鞋也忘了换，穿着拖鞋就急匆匆地开车走了……

"粗心鬼"呀"粗心鬼"，你是不是也有爸爸妈妈呀？你的爸爸妈妈是不是正准备附身在我爸爸妈妈的身上呢？你应该也有兄弟姐妹吧？我常常在同学们身上看到的，应该就是它们的身影吧？

舞动生活

那些美好记忆

季轩宇

蓦然回首，那些昨天的往事正悄悄溜走……

曾经的时光，就像手中的沙，一点一点地消逝……

你是否还记得曾经的那些知己？你是否还记得曾经的"死党"？你是否还记得曾经的姐妹？你是否还记得曾经的那些温暖……

可曾记得小学时光与那时的知己？当然记得，那是印在我心中不可磨灭的快乐时光。

忆曾经——我的知己

她，文文静静，一头齐刘海儿更能显出她的性格，一双如同葡萄一样的大眼睛，镶嵌在那俊俏的瓜子脸上。一笑起来，两个小酒窝更为明显。她很内向，白白的皮肤，加上那一件公主裙，让她爱上了那片天空。奇怪的是，内向的她竟然和外向的我成为了好朋友。小学毕业季，她踏上了异乡求学的征程，于是我和她仅存的小学记忆，从此封在那张毕业照片里。

有她的时光就是我最美的记忆，我最好的知己，一生的姐妹。

可曾记得童年，那时的要好伙伴，那时的小姐妹。当然记得，那是印在我心中不可磨灭的幸福时光。

忆童年——我的伙伴

我的童年，跟许多女生都不一样，大多数女生应该过得像公主一样吧。而我，却与众不同。我的童年是在男生堆里度过的。自幼不爱留长发、不爱穿裙子、讨厌撒娇……让我渐渐有了男生的范儿……

在这样一群伙伴中，我也有信任的"大哥哥"，或许是邻居的关系吧，他也很照顾我。他长得并不算出众，或许是因为遗传吧，他跟他妈妈一样，有几颗"芝麻粒"粘在了脸的两侧。与他性别截然不同的是，他很细心，爱帮助别人。我一直信任的"大哥哥"，现在还如以前一样开心吗？

童年，满载着那些美好的记忆，如今，我正向未来出发。

　　我们的一生中，必定会有许多曾经，昨天已是曾经，今天是新的开始，明天会有新的未来。让我们忆往事，留住曾经的美好！

和爸爸一起品茶

王 悦

　　周末的早晨，和风轻轻，偶尔可以听见窗外树叶们相互推搡的声音。一场大雨过后，温暖的阳光映照在阳台上，洒落在地面上，把水乡的夏天映衬得更加美丽。

　　懒洋洋起床后的我，刚推开堂屋门，就闻到缕缕清香弥散在清新的空气里，似淡月下的梅花，幽幽迷人。仔细一瞧，只见老爸独自躺在摇椅上，眼睛微微闭合，脸上漾着微笑，幸福地品尝着杯中美味，舌头还时不时地舔舔嘴唇。真是神仙一般的日子。

　　我见他那副舒服惬意的模样，好奇地问："爸，你喝的是什么饮料？我也要尝尝。"老爸睁开眼，笑着说："这是世上最好的东西，神仙都不一定尝得到呢。"我听了这话，要喝的欲望就更加强烈了。于是老爸也给我倒了一杯，我没有等凉了，就咕咚喝了一大口，舌头被烫了一下，嘴里还喝进不少茶叶。我很不满："爸，这不就是茶吗？也太难喝了吧，又苦又涩，神仙才不要喝这种东西呢。"老爸又笑了："慢慢品，才能品出它的清新味道。茶如人生，杯中沉浮啊。"老爸的话，听得我一愣一愣的。老爸继续感慨道："我们的生活，怎么可能总是一帆风顺，一直甜蜜？苦涩过后，才倍感怡人。只有经历了过人生的风雨，才能品出其中独特之处。你现在还小，想品出这种韵味是不容易的。怎么样，再来几口？"我挠挠脑袋，似懂非懂地点点头，不由自主地又喝了几口。

两年后的我，竟也渐渐喜欢喝茶了。尤其是每当心里不舒服时，常常会泡上一杯茶，看看那上下晃动的茶叶，心里就舒坦许多。茶的那种清香，也慢慢渗透进我的血液中，融入我的骨子里。

我现在每个周末都会陪老爸喝一次茶，听他讲讲茶如人生的道理，调整我的前行方向。我还决定，等到明年的父亲节时，我要悄悄给老爸买一罐好茶叶，让辛苦的爸爸拥有一份女儿奉献的惊喜，享受生活如茶的别样滋味。

浑 水 摸 鱼

管天宇

童年是一幅画，画里有我们五彩的生活；童年是一首歌，歌里有我们的幸福和欢乐；童年是一个梦，梦里有我们的想象和憧憬。在我的童年里，最有趣的事情就是到河边摸鱼。

一年一度的暑假终于到了，村里所有的孩子们都整装待发……

一大早，我就起床把姐姐和弟弟叫醒，然后扒拉了几口饭就出门。我们迎着薄薄的晨雾，穿着凉鞋，踏着沾满露水的小草，意气风发地朝小河边走去，一路上有说有笑。

到了河边，看着波光粼粼的河水，我不觉打了个寒战，但是为了捉鱼，我和弟弟也顾不得那么多，脱掉鞋子、挽起裤腿，"扑通"一声跳到了凉飕飕的水中。起初，我们左摸右找，却一条鱼也没看到，过了一会儿，我的脑中突然浮现出一个人，他摇头晃脑地对我说："孩子，水清则无鱼啊！"我使劲儿一拍手，说道："对呀，爸爸经常对我们说'水清则无鱼'。我们可以用脚把水搅浑，来个浑水摸鱼"。"对呀，真是个好办法！"姐姐和弟弟也都拍案叫绝。于是，我和弟弟在河里跳过来走过去，使劲儿把水搅浑。果然，一会儿，便有许多小鱼慢慢游了出来，原来它们刚刚都躲起来了啊。我们高兴极了，赶紧下手去抓。可是一个新问题又出现了，把鱼放在哪儿呢？我绞尽脑汁又想出了一个好办法——把鱼放在"池塘"里。弟弟摸着头说："哪有'池塘'呢？"我笑着说："看我的。"我找来一根树枝在小河边挖了一个小坑，然后从河里弄了些水放在里面，小"池塘"就做好了。我们把捉到的鱼放到了小"池塘"里。一开始，"池塘"里的"顾客"很少，可是没过一会儿，冷清的"池塘"就变得热闹起来了，小草鱼、小长条鱼、小火头鱼……快晌午时，来捉鱼的小孩子多了起来，小河里变得更加热闹了，我们争分夺秒地开始了"抢鱼争霸赛"。

一天很快就过去了，傍晚弟弟回家拿来水桶，我们满载而归。捉鱼不仅给我们带来了快乐，还让我们体会到了收获的喜悦。

云台山上看日出

黄璟为

　　我很早就想去家乡的云台山上看云海日出了，但因为长年在外求学，一直未能成行。老姐知道我这一愿望后就在假日里一阵张罗特意为我做了精心安排。这不，在香甜的梦境里，老姐将我唤醒。我和老姐的男朋友坐着老姐的"大众甲壳虫"从我们居住的县城沿资水溯江而上，来到马路镇的云台山脚。再沿盘山公路八十八拐后到达云台山上，然后下车披着夜色借着手电的光亮登石阶蜿蜒而上，过南天门直上云台山圣帝庙观景台。在此处，我们静候着云台山上的云海日出。

　　此刻放下学习压力的我站在云台山巅峰，迎着山风，心潮澎湃，思绪万千。虽然举目四周还是黑色无疆，但我似乎看到了在璀璨的阳光下那沉睡了千百年的怪石林与满山的草木交相辉映，仿佛听到了在那金灿灿的阳光里回响着水石撞击声勾勒出来的古老痕迹……在一缕缕惬意的遐想中，只见天边的云朵旁闪着磁蓝色的光芒，水红色的晨曦横亘在灰蓝色的天空上，似乎漂白了四周的暗沉。渐渐地，天空中那条水红色的带子像是被镀上了金边，那夺目的金光一点点侵蚀着我的心，让我不由得对光明产生着强烈的期待、向往和憧憬，瞬间便愈发兴奋起来！

随着时间的流逝，东方微明的地方，乌云一片片被悄悄地瓦解着，许多耀眼的光线飞射而出，那原本乌沉沉的天空，开始有了更加光明的起色。可突然间，"黑暗"势力再次勾结起来，遮住了那即将破云而出的太阳，只看到了一丝丝红亮陷于一群云层里。

在时空的沉默里，突然间，一缕白光宛如挣脱黑暗的枷锁，充满着一种喷薄而出的令人震撼、势不可当的力量，它再次带走了那层灰，把灰蓝色天幕擦亮，蓝色又明朗起来，那原本血红的丝带开始带了些橙黄色，一旁的云彩也好像有些涨红了脸。这时我心中一阵沸腾，"是太阳出来了吗？"我目不转睛地盯着这一切。

慢慢地，天空中那无数的红光集中在了一点，光明的气息步步逼近。忽地，从远山后钻出了一点火星，紧接着几束小火苗接连不断地钻出来，这一束束火苗冲破云层，融在了一起，东方的天空染红了，就像烧着了半边天。就在这血染苍穹的一刹那间，那红绸帷幕似的天边拉开了一个角，出现了太阳的一条弧形的边，并努力地上升着，那半圆形不断上升，越来越圆，像一个火球在天边跳动着。老姐惊喜得伸出一只手来，手托太阳，老姐的男朋友立马用手机拍下这一美妙的自然神韵；老姐欢叫着又用双手捧着太阳，老姐的男朋友又一个抢拍，神奇瞬间即刻留在我们心灵的深处。

这火球在天边跳着、跳着，忽然像支火箭般从远山的地平线上腾飞而出，一轮红彤彤的太阳旋即立于天际。此时的朝阳，晶亮耀眼，火一般鲜红，火一般热烈，就像个身着红装的少女，青春洋溢，激情燃烧，散发出火红色的金光，沸腾的激情泼溅在天穹，顿时染红了我们的双眼……

耳畔晨风喃喃，眼前立于山间林石的红日，这一切，都拨动着我的心弦，让我如入仙境。我静静地站在云台山巅峰的观景台上，舒畅地沐浴着朝阳，纵情地欣赏着这鬼斧神工的美景，尽情地享受着这大自然所带来的愉悦，不知不觉地一股朝气蓬勃、催人奋进的无形力量涌入全身。这无形的力量会永远牵引着我、激励着我积极向上，自信满怀，披荆斩棘，勇往直前，放飞梦想，也如这朝阳一样坚定地绽放出绚美而神奇的生命异彩！

一次多彩的公益活动

王东林

寒假是每个小朋友都喜欢的假期，我也不例外。每当寒假到来时，我都特别高兴，因为我有时间去快乐地玩耍了，也有时间去参加更多的活动了。

2月1日下午三点，我和妈妈来到光明路呼和浩特女神大酒店，参加《北方新报》携手紫丁香之爱公益组织发起的第三届"向青城建设者致敬——与农民工一起迎接春天"为主题的慈善嘉年华活动。

一到现场，我就看到了放在门口的米、面、油等物品，我猜想这些是给农民工叔叔阿姨的年货。每张桌子上都放着一个标牌，标牌上写着"爱心人士""社会人士""仁爱妈妈""慈爱爸爸""环卫工人"。我和妈妈坐在一张放有"社会人士"标牌的桌子旁，我往四周看了看，看到一位叔叔正在作画。我心想，这位叔叔为什么在这里画画呢？后来才知道，这位叔叔的画要在这次活动中进行拍卖，拍出的钱将用于开展"马兰花守护草原女童"公益活动。

在现场我还看到保安、环卫工人、快递人员、协勤人员等社会工作者。我想，他们应该就是今天的主人公吧。我走上前询问一位环卫工人的工作情况，他跟我说，他每天早晨四点起来工作，六点回家吃早饭，八点又开始工作，直到晚上六点才能下班回家，每天都要起早贪黑。今天他也是忙完手上的工作后立刻赶来的，因为着急，连衣服都没来得及换。他虽满脸灰尘，但却满面笑容。我还看到一位外国小伙子，他叫杰森，是从乌克兰赶来的。为了今天的公益活动，他穿了一件红色唐装，帅气十足。之后，他在舞台上他演唱了一首《Bird》，唱得非常有激情，大家听着他的歌声，都欢腾起来……

在现场，我还看到了我们团结小学的刘校长和同学连杰。今天，我作为内蒙古自治区的美德少年，也来为农民工送上一份祝福。轮到我上场了，我充满自信地走上舞台，为他们献上一首歌曲《快乐的节日》。今天是他们的节日，祝愿所有的农民工叔叔阿姨每天笑口常开，健健康康，生活幸福！

"跳啊，跳啊，跳啊，亲爱的叔叔阿姨们，同我们一起过呀过着快乐的节日……"台下的叔叔阿姨跟着我的歌声一起拍起手来，看到他们脸上的笑容，我的心里暖暖的。

参加公益活动的感觉真好，我以后要多多参加，为更多的人带来幸福和快乐。

父　亲

王　腾

今天，语文老师说，父亲节到了，请同学们写一篇有关父亲的文章。

提起我的父亲，我就情不自禁地想起小时候。还记得那时我很小，父亲总是让我骑在他的脖子上玩，把我举得高高的。而且我小时候总喜欢和父亲一块睡，因为父亲的嘴里面永远有讲不完的故事。

那个时候，我们家就我一个孩子，父母都很疼爱我。晚上睡觉时，我总喜欢让父亲给我挠脚心、抓痒痒。我还调皮地把我的小臭脚搭在父亲的肚皮儿上。父亲的肚子好圆，赛过一个大西瓜，就这样我很快便进入了梦的世界。

父亲的个子很高，和大伯在一起的时候，别人总误认为我父亲是哥哥。父亲没有完成他的学业，就辍学了。听奶奶讲，父亲小时候特别不乖巧，很调皮，经常不听奶奶的话。在当时，我奶奶家是能供起父亲上学的，但是父亲却不努力上学。父亲现在后悔了，他经常告诉我说："闺女，我真后悔当初没有听你奶奶的话，你可要好好上学，千万别走你爸的路！"父亲便把他未了的愿望寄托在我的身上。

渐渐地我长大了，我跟父亲之间的话也越来越稀少了。父亲长年累月不在家，等到在家的时候，又不知道该向父亲说些什么。现在父亲也不和我说太多亲密的话，他虽然表面上不露出对我的疼爱，但他总是默默地为我们这个家庭里的每一位成员奉献着他的一切。父亲慈祥的形象只有停留在我儿时的记忆里。小时候父亲给我的印象非常深。

还记得，我八岁那年，父母都在北京。等到放暑假的时候，我跟姐姐一起去找他们。因为奶奶怕我们坐火车不安全，就让我们坐长途汽车去。本来是晚上十一点半就到的，但是由于路上耽误了点儿时间，到了晚上十二点才到。后来母亲告诉我，你爸听说你们要来，他可高兴了，六点钟就去接你们了，他在那站了整整六个多小时呢。当时我们还不能理解父亲的心情，只是淡淡一笑而已。如今想起，我的脸颊就"腾"地红起来了。

偶然一次，我收拾房间时，倏忽看到了爸爸的照片，不知道为什么，我竟然哭了。我自己也不知道为什么会哭。我只知道我看到父亲的照片，心里很难受——我发现照片上的父亲老了。

　　父亲一生任劳任怨，他像一头默默无闻的老黄牛，为家庭，为儿女，含辛茹苦地奉献着……在父亲节里，我想借此机会对远离家乡的父亲说：爸，您在外工作要悠着劲儿干活，不要太节省，多注意身体……

你言我语道妈妈

我们班的"开心果"

王秋蕊

我们班有个同学叫小邵。他长着大脑壳儿、小细脖儿、大嘴岔，一笑能露出满口的大牙。

他特别能说，而且相当会搞怪。

有一天，他问我："喂，你有没有觉得我很帅啊？""不要用这么难的问题问我，你也太自恋了吧？"我诧异地睁大了眼睛，对他的问题有些不屑。他见我冷漠的态度，马上摆出了一个很酷的造型，还对我说："你以后就叫我邵大帅哥吧！哈哈哈哈！""你应该叫邵大侠！岂不是比邵大帅哥更酷？"怎么会有这种人，完全是个自恋狂，帅不帅自己真的不知道吗？

小邵生性好动，搞恶作剧是他的拿手好戏。

有一次，下课时他把一个气球吹大了，随后放在上衣里，说："啊！我怀孕了！"然后一手摸肚子，一手叉腰，那模样活脱脱像一个孕妇。大家看了，笑得前仰后合，纷纷指手画脚地议论起来。他看把大家逗乐了，越发来劲儿了，在教室里歪歪扭扭地走来走去，哼哼唧唧。那情景，就像一个神气十足的小丑。同学们笑呵呵地注视着他，只见他伸手又从上衣里抽出个气球，再把气球放在嘴上，猛吹起来，一会儿工夫，那个气球吹得就像个葫芦了，他挤眉弄眼地说："哇！我生出了个葫芦娃！"刹那间，逗得同学们哈哈大笑，教室里充满了快活的气氛。

正在他高兴得手舞足蹈的时候，只听"嘭"的一声，气球炸了，他又开始装疯卖傻了。"我的葫芦娃呢？我的孩子呢？"说着便大哭起来。这下把大家笑得眼泪都快出来了。就在这时，只见他走到一个同学面前，伸出双手，眼睛直勾勾地盯着眼前的同学，拿出他的娘娘腔："啊！我的孩子。"之后猛地一下把那个人抱住。看到这儿，我们都快恶心死了，真想一平底锅把他拍到火星上去。

这就是我的同学小邵，他真是我们班的"开心果"！

分 享 恐 惧

陈彦蓉

今天，我们一家到科技馆玩。科技馆里好玩的东西可多了！比如——立体音响小屋！

这个项目，光听名字就觉得好玩儿，难怪想玩的人那么多，还要排队呢！我赶紧站到队伍的末尾排起队来。

我站在队伍里，脖子伸得老长，看前面还有多少人。这时，一位叔叔拍了拍我的肩膀，问道："小朋友，你也来玩这个项目？"我好奇他为什么这样问，便回答道："是啊！怎么啦？""哇！小朋友，你的胆子可真大呀！以前我玩过这个项目，很可怕很可怕！我再也不敢玩了！里面可是全黑的！"

听叔叔这么一说，我也有些怕了：他一个大男人都害怕，何况我这个小姑娘呢？我想退缩，可又不甘心。我只能用"这是个锻炼自我的大好机会"来说服自己，最终硬着头皮跟妈妈和弟弟走进了屋子。

哇！里面的光线好昏暗啊！一间卧室那么大的屋子里仅仅点着两盏油灯。房间里有一张很大的方形桌子，桌子上放着很多耳机。工作人员示意我们坐到椅子上，戴上耳机。他告诉我们，在整个过程中，房间里会保持全黑的状态，如果害怕，可以暂时摘下耳机。如果实在恐惧，坚持不住，可以从后门离开。我心想：哼，不就是一间小小的屋子嘛！有这么夸张？我正想着，忽然，灯灭了！屋子里瞬间陷入一片黑暗。我吓了一跳，心里像有十五个吊桶打水——七上八下的。这时，我的耳边响起了一个幽幽的声音："欢迎来到立体音响小屋，嘘，他来了……"最后那一声"他来了"很轻很轻，就像恐怖片里的台词一样。

这句话之后，我首先听见了一阵很重的脚步声，还有呼吸声。我一下紧张起来，心都跳到了嗓子眼儿。我环顾四周，想看看是不是有人来了，可屋子里实在太黑了，我什么也看不见。

这时，我的耳边又响起了一个沉重的男声，他低吼道："这是一座古墓，没有人能挖走这儿的宝贝，来这儿的人都会丧命于此，哈哈哈……"一串魔鬼般的笑声在耳边回荡，有人尖叫了起来。我害怕极了，脚在微微发抖，手心里、额头上都直冒汗，好像我真的在一个古墓里。那个声音换了一种声调继续说："到这里来的人，只要听见一声惊雷，就会瞬间被雷劈死！"我觉得毛骨悚然，肌肉绷得紧紧的，都可以当琴弦拉了！

到这个阶段，已经有人陆续从后门出去了。我也想放弃，但我还是不甘心。如果最后大家都失败了，只有我坚持了下来，我不就成为成功者了吗？于是，我鼓起勇气继续听。那个幽灵般的声音又尖叫起来："奶奶就是最好的见证人！哈哈哈……"这回的笑声跟之前不同，它一会儿左一会儿右，就像有一个幽灵在我身边乱窜。我恨不得马上冲出去，离开这个鬼地方！

我好不容易才克制住想逃跑的冲动，地板突然又振动了起来！我感觉有什么人正在向我走来……"那晚午夜时分，我那个不孝子受不了金银财宝的诱惑，来到了这座古墓，雷声隆隆，他就这样惨死了……惨呀！"她像是在申冤一般，发出了一声撕心裂肺的怪叫。好像是在配合她一样，天花板上的灯发出了闪电似的光芒，伴着一声响亮的雷鸣，不少人尖叫起来，冲出门去。那个幽怨的声音继续说着："金银财宝将让这个世界陷入黑暗！"这时，我感觉有人在摸我的手！我尖叫起来，耳边同时传来弟弟的声音："姐姐，是我。"我这才松了一口气。

这时，灯亮了，工作人员走了进来，原来是结束了。我摘下耳机，走出房间，心中久久不能平静……

此刻，我的心情是高兴的，因为我终于战胜了自己的恐惧！

想　念

李　敏

　　"想"是一个很随意的字，很单纯，没有任何目的性；而"念"是一个需要用嘴说出来的字，念书念报念叨，缺少感情色彩。而把"想"与"念"组合在一起，就变成一个温暖的动词了，它隐藏在心里，浓浓的情意融入其中。

　　"想念"二字勾起了我的回忆。我小学的前四年是在外地上的，升到五年级时，我不听爸妈的安排，执意回老家上学。当时只是一味地想离开自己最熟悉、最单调的鸟巢，妈妈有反对，但也欣慰，她觉得我长大了，翅膀丰满了，也该试着向蓝天展翅自由地翱翔了。可是，初次离开爸妈的兴奋没有持续多久，我便开始想念他们了。没有他们在身边，很多选择需要自己做决定，很多事要自己去做。我学着去克服一些困难，孤单中学着坚强。每当不知所措时，总会想起爸妈，想要是他们在身边该多好。我可以向他们谈吐心声，让他们和我一起解决困难。幸好他们曾答应过我，说寒假就回来看我。我知道，在我想念他们的同时，他们肯定也在想念我。

在等待中，寒假要到了，我心里无比激动，因为爸妈就要回来了。"爸妈"是我日思夜想的两个字，我早早地就在车站等待着他们。可来了一辆又一辆风尘仆仆的车，就是没见爸妈的身影。我着急起来，担心爸妈出什么事，我用手摸着胸口，让自己放松。直等了大半天，爸妈才到，看着他们向我走来，我顿时嘴角向上轻轻扬起，笑开了花……

单独一个"想"一个"念"是没有味道的，把它们连起来，就是世界上最美好最生动最温暖的词语了。它包含着"想"的思考和"念"的牵挂，有独特的韵味。它也包含着爸妈对我的付出，还有我对爸妈深深的、浓浓的爱。

你言我语道妈妈

刘洵轶

妈妈是希望之火，给我无尽的温暖，照亮我前进的道路。千言万语道不完妈妈对我的关怀——

户口簿最先发话："凌素华，女，三十七岁，汉族，已婚，布厂挡车工，娄庄镇洪林村人。要说其他嘛，嘿嘿，暂时保密。"

"你去保密吧，我来说道说道。"镜子迫不及待地抢过话题，"要说小主人的妈妈呀，就数我最了解，她的颜值可是很高的——鹅蛋脸上镶嵌着一双明亮的眼睛，双眼皮，月牙眉，唇红齿白，一条微卷的马尾披在身后。不过最近她的白发多了好几根，鱼尾纹也悄悄爬了出来，现在也很少看我了，大概是小主人年级高了，操心多了没那闲空了吧？"

"嘘，你只看到她的外形，夜幕下的秘密就不知道了吧？"被子接过话茬儿。"快讲！"镜子不耐烦了。

"每天晚上，她悄悄地走进小主人的卧室，看到小主人蹬开我，立即用粗糙的双手将我轻轻盖上。一次夜班回来，她淋雨感冒了，就在拉我的时候，她头晕目眩撞到了床角，额角鼓起了包，响声惊醒了小主人。'淘侠，妈吓着你了吧？睡吧，明早还要读书呢。''妈，我都六年级了，不用每晚来看我了，您去休息吧！'可是小主人的妈妈始终如一，乐此不疲。"

"是啊，是啊。你说了夜里的，我来叙述白天吧。"铲子连忙补充，"每天小主人的妈妈都用我翻炒各种各样的美食，想方设法变换口味，让小主人吃得营养、健康。"

"每天洗衣服、打扫卫生……忙忙碌碌。小主人有这样的妈妈可真幸福呀！"洗衣桶、笤帚、拖把、锅碗瓢盆等交口称赞道。

镜子眼里，妈妈最美丽；被子眼里，妈妈最温柔；铲子眼里，妈妈最细腻……我眼里，妈妈最可爱。

大自然的启示

金 悦

以前，我们的森林多么好，是动物们赖以生存的地方，树叶也长得茂盛极了！

以前，我们的小溪清澈见底，有小孩儿在水中嬉戏。水里的鱼可爱极了，游来游去，自由自在。大自然像母亲一样孕育着大地，森林里可以玩游戏，因为在树木的掩护下看不见对方，还有灌木、草丛等，好玩极了！

现在与以前大大不同了。小溪里的水不再像以前那样清澈见底，而是污浊不堪的，看不见底，小鱼们都死在这片污水里。森林也不像以前那么茂密了，而是成了一片废墟！草丛和灌木也没有了，致使沙尘暴肆虐，给人们造成了痛苦！

"没有花香，没有树高，我是一棵无人知道的小草……"听！你能听见墙角那棵小草的"深情独唱"吗？

小草才刚探出头，它那么小，小到几乎被世界忽略……但它并不自卑。是的，它小，但它想出人头地；它不被在乎，但它只想努力唱完自己的歌。小草，带着强烈的生的欲望，终于，钻出墙缝，绿莹莹地、骄傲地伫立在我们面前。啊！这份执着，这份顽强，令我们为之动容。在困境面前，我们也要像小草一样，怀揣希望，奋力拼搏，实现自己的梦想！让希望，扎根心房。

大自然，总是不断地给我们许多意想不到的启示和生生不息的感动。让我们多留一份心，去领悟可爱而又神秘的大自然的奥妙吧！我终于明白：大自然是人类赖以生存的根源，没有了它，我们就像断了奶的婴儿一样。所以我们要行动起来，保护我们的大自然母亲！

陪　伴

王子鉴

　　大年初二，我们回姥姥家。姥姥准备了一桌丰盛的饭菜，鸡鸭鱼肉、热菜凉菜十几盘，大家一落座便狼吞虎咽。姥姥看我们吃得香，脸上堆满欣慰的笑。

　　饭后，妈妈和小姨争着去刷碗，姥姥连忙拦住她们："不用了，我去刷，你们去玩吧。"她俩拗不过姥姥，只好走出厨房。很快，打牌的，看电视的，戴着耳机听音乐的，个个自得其乐。咦，姥姥呢？

　　我来到厨房，厨房已经被姥姥打扫得干净整洁。我走进书房，里面空无一人。走进卧室一看，啊，原来姥姥在这里。她坐在床边，床上摊着大影集。姥姥一手拿着一张照片，一手托着下巴，闭着眼睛。我走到姥姥身边，轻轻地叫了一声："姥姥，您在干什么？"姥姥睁开眼，眼睛红红的，好像刚哭过，低声说："我没事儿，就想看看老照片。"我这才发现姥姥捏着一张全家福，照片上舅舅、小姨和妈妈还很年轻，姥姥和姥爷开心地笑着。哦，姥姥想念姥爷了。春节是团圆的日子，姥爷却早早地离开了我们。每逢佳节倍思亲，姥姥当然会伤心了。我急忙拉着姥姥的手："姥姥，去打牌吧！大家派我找您呢。"姥姥抹抹眼睛，跟着我走出来。我把姥姥拉到牌桌前，大喊："姥姥来参战喽！"爸爸这才醒悟过来："妈，就等您呢！"舅妈也跑来搂着姥姥："我给咱妈抱膀子（当参谋）。"不一会儿，笑容浮现在姥姥的脸庞。

我在一旁看着姥姥，心里窒然有些难过。姥姥虽然儿女双全，但是舅舅远在千里之外的广州，一年才回来一次。妈妈和小姨虽然离姥姥不远，但是她们忙自己的工作和家庭，很少陪伴姥姥。姥姥其实就是一位空巢老人。她虽然每天买菜、种地、跳舞、打牌，把时间安排得满满当当的，但她的内心一定很孤独，常常晚上到我家来看我。我写作业，没空陪她；妈妈和爸爸各忙各的，也很少坐下来陪她说说话。她总是坐一会儿，看看我们，就心满意足地走了。原来，姥姥是渴望亲人的陪伴呀。虽然今天大家都聚在她身边，可她还是没人陪伴。我终于明白姥姥最需要什么了，那就是我们的关心、爱和温暖的陪伴。

忆 外 婆

蔡 月

> 人生很长，未来，不知何处是尽头；人生很
> 短，现在，必须牢牢掌握，好好珍惜。
>
> ——题记

"哦……我的小乖乖，下个星期天回家吃饭啊。"每次去外婆家，临走前，外婆总要对我说这么一句话。"嗯，知道了。"我也总是淡淡地回应着。

外婆一生艰辛坎坷。她生在战争年代，童年时经常饿肚子。有一次，竟差点儿被汽车压死。当时穷，太外婆将祖传的一对金耳环卖了五元钱，才保住了外婆的一条命。外婆年轻时，卖过凉粉、卖过面条、卖过菜……她把心血都用在了儿女身上，一生也没有什么积蓄。外婆的人生价值观很简单：只要子女们有稳定的收入，能够吃饱穿暖，

她自己也就没什么要求了。

外婆很疼我，把我视为掌上明珠。只要我说想要什么，外婆总能像变戏法似的变出来。而我，最喜欢的就是到外婆家。在那里，我可以尽情地吃喝玩乐，外婆的心情也会跟着好起来。有时，外婆还会趁妈妈不注意，塞给我几十块零花钱，说："想买什么就买什么吧，别告诉你妈妈。"我点点头，然后，我们都会同时笑起来。

从我记事起，外婆身体就不好，三天两头地往医院跑。以前，我上小学，还有时间经常去看看她。可现在，上了初中，整天忙着写作业，周六周日也没有什么空，只能偶尔去一趟。每次我去，她都很开心，好像什么病都没有了。去年，外婆中风了，大家着实吓了一跳。好险，不是太严重，只不过外婆几乎丧失了说话的能力。

外婆不识字，连一天学也没有上过。每次她让我去她家，我说作业多，她便笑眯眯地说："没关系，下次吧，要好好学习啊。"就连她在医院里，嘴里也还在念叨着："月儿没时间回家，我还包了她喜欢吃的水饺，凤儿啊(妈妈的乳名)，你多带一点儿回家给她吃吧。正长身体呢，要让她多吃一点儿……"

而我，虽知外婆对我好，内心充满了感激，却从未表达出来。

上个星期，外婆突然"扑通"一声，一头倒在了床上，家里人急忙把外婆送到了医院，经诊断是脑溢血。我们都希望没事，可是，外婆没撑过一天，转院到盐城时，已经不行了。听到这个噩耗，我整个人都傻了。当我看到躺在那儿一动不动的外婆时，泪如泉涌，号啕大哭。我想起了外婆对我的好，悲痛而又内疚。外婆生平最疼爱的人就是我，而当她永远地离开时，我却没能守在她身边。那一刻，我才明白，原来，人生是那么短暂。外婆说走就走了！

　　我很后悔，后悔当初没有及时说出我对外婆的爱，后悔没有抽时间多去看看外婆。

　　珍惜家人的关爱，珍惜眼前的一切吧。也许，忽然有一天，你所拥有的会突然失去，后悔也来不及啊！

　　外婆，月儿想你！

你言我语道妈妈

"农家书屋"真好

陈明金

　　我从小就喜欢看书，能拥有自己的书屋，是我童年最大的梦想。听说，常乐镇上建了个"农家书屋"，我就迫不及待地拉着妈妈跑去看。

　　一走进书屋，我就有一种似曾相识的感觉，小屋并非富丽堂皇，但也算得上简单朴素、墨香四溢。南窗边有几张桌椅整齐地摆放着，坐着几位老人和一些小朋友，他们都在津津有味地看书、读报。北边是一排排的书架，上面放满了各种各样的书：文学类的、科普类的、少儿类的、政治类的……书架东边有几台电脑，大人们正在查资料。这真是一个宁静、美好的世界！

　　一走到书架前，我就舍不得离开了。那里放满了我喜欢看的书：《野性的呼唤》《丛林之书》《神秘岛》……这些书如同一张张可爱的笑脸，在向我点头微笑呢！看看这本，我喜欢，看看那本，我也喜欢。听管理员阿姨介绍：这儿的书对我们学生是全部开放的，可以在这里看，也可以免费办一张借书卡，带回家看。一次可以借两本书。听到这个消息，我心里乐开了花。

我最喜欢童话书。站在书架前，我像一只快乐的小鸟。猛然间，《绿野仙踪》映入我的眼帘。上次去新华书店，我就想买这本书，却被妈妈拒绝了。因为这件事，我伤心了好一阵子。每次去书店，我总要悄悄地看上一段时间，迫切想知道小姑娘多萝茜来到奥兹国结识了没脑子的稻草人后怎样了，想知道事情的结局。现在终于有机会看了，我抽出这本书，翻开坐在桌前耐心地看起来……

"农家书屋"真好！它帮我实现了自己最大的梦想，让我拥有更加富有诗意的童年！

唯爱这抹银色

朱明辉

当炎热的太阳将灿烂的光芒洒向雄伟壮丽的象鼻山，清澈见底的江面上泛起耀眼的亮波时，清奇俊秀的桂林终于安详地醒来了……

青翠欲滴的大榕树下，站着几位如花似玉的苗族姑娘。静静聆听，她们清脆悦耳的声音多么嘹亮！噢，原来她们是在对歌呢！美丽的脸庞配上美妙的歌声，让我不得不陶醉其中。

苗族人认为，银不仅象征财富，更象征着正气，可以祈福消灾。所以在璀璨耀眼的钻饰、漂亮夺目的金饰和晶莹剔透的玉饰中，苗族人最爱不释手的当然是别具一格的银饰。

瞧，姑娘们精美的银花冠，前面插有六根高低不平的银翘翘，可谓颤枝银花，上面绘制着二龙戏珠图，在阳光下银光闪烁，花姿绰约。乍一看，有点儿像古代美女所佩戴的头冠呢！我看了，不禁啧啧赞叹，拍手叫好，真想让妈妈也给我买一个带回家。

妈妈告诉我："千万别急！苗族的银饰全国有名，单一个花冠就有很多品种。看不到眼花缭乱是绝对不过瘾的。"

转角处，一阵清脆的铃声，两位苗族姑娘正亦步亦趋地向我们走来。我放眼看去，这银冠四周插满了闪闪发光的银片，顶上还配有稀少珍贵的精制银牛角！角尖上系着鲜亮飘逸的彩色丝带，显得格外高贵富丽。帽子两端插着白鸡羽，鸡羽随风摇曳，使银角显得更为高耸，巍峨而壮观，轻盈又飘逸。哟！整个帽子下沿还圈挂着银花带，下垂一排小巧玲珑的小银花坠。"好美的花冠！"我感觉我真的被这抹银色融化了，竟不由自主地叫出了声。

她们瞬间从我眼前翩然而去……天哪！她们背后竟戴着比仙女的彩衣还棒的银披风，披风下面满是可爱的小银铃。看着她们迈出的轻盈的步伐，我豁然开朗，原来这婉转动听的歌就是那特有的银铃奏出的，项圈、挂牌、吊牌、围腰、吊饰，无一不会歌唱，它们成了苗族人迁徙的遗风。在清脆的银铃声中，她们亲历了一天天的生活，越过一道道的山水，前呼后应，永不失散。

奖 励 变 了

张子瑞

一直以来，我用尽各种理由，想从妈妈那里争取零花钱，妈妈却总是以怕我乱买零食为由断然拒绝，而且毫无商量的余地。所以，我一直是个不折不扣的、穷得叮当响的小穷光蛋。

最近，我突然从穷光蛋变成了几乎"富甲一方"的大富翁。事情要从"诡计多端"的妈妈说起。

我有两大毛病。第一个毛病是"马虎病"，这种"病"发作起来，四十五分钟的试卷我十五分钟就能做完，明明掌握了的知识点，我连题目都没看清楚就作答了，迎来的自然是妈妈判的红色大"×"。第二个毛病是"懒惰病"。每周一篇作文是妈妈给我布置的任务，我时常随便划拉个二百字的流水账就交差了。

前不久，妈妈突然变得大方起来，她给我制订了专门的"治病"方案，"药方"竟然是微信红包：每考一次95分以上，就奖励我五元红包；考100分，奖励十元红包；每写一篇妈妈比较满意的作文，奖励二十元红包。新政策实行之后的第一次做试卷，我把试卷仔细地检查了N遍，发现了好几处错误，没想到，还是被一个"陷阱"给坑了，只考了95分，我懊恼了半天。第二次做试卷，我将"陷阱"一一躲过，100分到手，红包也到手了。为了挣得妈妈的作文红包，周末的晚上，我坐在电脑前才思如泉涌，写到晚上十一点多都不想收尾。

短短几天时间，我已经收获了五十五元的红包。我想继续努力，争取明年"三八节"时给妈妈发一个三百八十元的大红包。此外，我也可以给我关注的"腾讯公益"捐一点儿款，以尽我的微薄之力。

"红包"在前方向我招手，我在追逐"红包"的路上努力前行。新奖励，我喜欢！

看　见

李翔宇

夜，静极了。

"呼呼"的北风孤独地鸣奏着，幽幽的月光寂静地从窗外探进头来，一切都沉睡了。

我垂头丧气地走进自己的书房，双目紧闭，身体一下子瘫坐在冰冷的椅子上。桌子上静静躺着一张英语试题，上面赫然屹立着鲜红而刺眼的"82"！我思潮起伏，语文一直是我的强项，冠军宝座也一直是我稳坐，这次怎么……想到这里，我不禁潜然泪下。妈妈不知什么时候坐在了我面前，看了看我的试卷，安慰我说："怎么啦？对这次成绩不满意吗？没事，妈妈相信你下次一定考好，失败乃成功之母嘛！"我听了之后依然保持沉默，心里面只有那血红的"82"和语文老师失望的目光。妈妈拿起卷子，认真地看了起来，我惭愧地说："妈，我这次语文考得不好，这次不是全班第一……"回想我曾经考过的语文成绩全校前几名的光辉历史，我将头埋得更深了，妈妈把卷子凑到我跟前，说："来，儿子，让我们一起来分析一下你的试卷。这个是……"我的耳边又响起那"喋喋不休"的话语了……

　　妈妈讲得很认真也很有耐心，而我这次不知怎的，走神儿了。我看到妈妈眼角那点点黑斑，心如刀绞。于是，我默默端来一杯热水，断断续续地说："妈，谢谢您，喝点儿水吧。卷子我一定认真改，不确定的知识点我会查找资料，认真做好笔记，以便日后复习用。你放心吧，我会努力的。"妈妈眉头一皱："咦，你刚才不是不高兴吗？怎么一转眼你的怨气就烟消云散了？"我看了看妈妈没说什么，脸上露出了一丝苦笑。我愣坐在那儿，心里又一次想着妈妈眼角的斑点，那是妈妈为家庭、为工作、为培养和教育我留下的痕迹，我的思潮如洪水泛滥。过了一会儿，我定了定神，手攥成拳，自言自语道："妈妈对我的学习多么负责，多么关心，那斑点就是爱的见证！你忍心一蹶不振，忍心辜负妈妈的期望吗？嗯，我要奋发图强，做祖国的栋梁之材。"

　　看见，让我从内心里发现了妈妈对我的关心和期望！

吉 祥 汤 圆

宇文那

早晨，我拉开窗帘，推开窗户。哇，下雨了！雨点像调皮的小孩儿挣脱了天空的束缚，急切地投向了大地母亲的怀抱。我不禁想把他们留在我的手中，可他们太调皮了，在我手中汇成一团，从指缝中溜走了。

妈妈叫我去做汤圆，我只好告别小雨滴，穿戴好衣服，下楼。

妈妈端出糯米面团，我、爸爸和姐姐各站在桌子的一边。妈妈毕竟是家里的掌勺。瞧！一块面团，在她手中轻轻一揉，就变成了一颗圆圆的、白白的汤圆。

爸爸虽然做得没有妈妈熟练，但也很认真地做着。

我和姐姐是第一次做汤圆，我们学着妈妈的样子，从盆里的大面团上揪下了一块小面团，放在手里揉，可揉不了几下，手上已经沾满了白面，黏黏的。妈妈见我们笨拙的样子，忍不住笑了起来。我趁妈妈不注意，把手往妈妈脸上一拍。哈哈！妈妈变成大花猫了！

时间在笑声中慢慢溜走，我们的劳动成果越来越多。我和姐姐虽笨手笨脚，但每人也做了十几个。爸爸妈妈可不像我们这么慢，他们做了几十个呢！

我看到厨房的角落里有几棵白菜，就用白菜作馅做了一个吉祥的汤圆。乍一看，和普通汤圆没什么两样。我笑眯眯地对爸爸妈妈说："嘿嘿！谁吃到了这个汤圆，谁就有好运哦。"

中午，妈妈煮了一大锅汤圆，其中就有那个"不一样"的汤圆。当汤圆端上来时，我一眼就认出了我亲手做的那个"不一样"的汤圆。原来，妈妈盛的时候发现了那个汤圆，就特意把那个汤圆盛到了我碗里。我想：姐姐要高考了，这个代表希望和幸运的汤圆还是给她吧，希望她考上理想的大学。于是，我趁姐姐不注意，悄悄地把这个"好运"汤圆放在了她碗里，并遮盖起来，希望能给姐姐一个大大的惊喜。

姐姐用筷子把每一个汤圆都轻轻摁了一遍，发现了那个有馅的汤圆，顿时面露惊喜。我盯着姐姐，想看着她把这个幸运的汤圆吃掉。

可谁知她稍稍犹豫了一下，趁妈妈帮爸爸舀汤时，快速地夹到妈妈的碗里。妈妈舀好后，拿起筷子正准备吃汤圆，夹到嘴边又停住了。我和姐姐盯着妈妈筷子上的汤圆。妈妈看了我一眼，一下子明白了。她微笑着对爸爸说："孩子他爸，这个汤圆给你吧，我吃不下了。"没等爸爸回答，妈妈就把那个汤圆夹到了爸爸碗里。

爸爸一脸惊讶。我和姐姐看到这一幕，都异口同声地说："老爸，你吃吧！"

爸爸红着脸说："还是你吃吧！"说完，爸爸把汤圆喂到我嘴边，我只好张口接住。顿时，全家人都笑了。

吃着这个代表希望和吉祥又被一家人相互推让的汤圆，一股热流从心中涌起。

好坏只在一念间

盖智慧

"起来起来！都七点半了！"耳边又传来了老妈连绵不绝的吼叫声。睁开惺忪的睡眼，只觉得整个世界与我格格不入，躺在床上能够分明地听见呼啸的北风拍打窗子的声音，天空低得仿佛伸手就能触碰得到。

我以最快的速度梳洗完毕，迈出家门去上补习班，戴上耳机，单曲循环着林宥嘉的《想自由》。城市的喧嚣总会让我觉得太过张扬。每天的流程大同小异，早上伴随着第一缕阳光起床，晚上披着朦胧的月光回家。

下了最后一节课，看看手表，已经是晚上六点了。这也预示着疲劳的一天即将过去。站在候车亭下，路灯照得我有些寒意。转眼间十多分钟过去了，北风还是"呼呼"地刮着，车站等车的人都有些站不住了，一个个都恨不得把头埋进围巾里。有人开始埋怨起迟到的公交车和交运公司。

记不分明是多久以后，23路公交车晃晃悠悠地向我们驶来。车站上的人也早已做好了"冲锋"的准备。谁都不愿意谦让谁。塞满人的汽车像是一个快要爆炸的气球，连"开门送客"都困难。我被挤在了后门的"站立禁区"。

站在我旁边的是一位民工——头发上有些油灰，眉宇间皱纹很深，嘴唇有些干裂，浑身散发出一股臭气，令人作呕。"下站你下车吗？"民工开口问旁边的妇女，妇女没好气地回答说："不下。"紧接着下意识地把放在地上的一袋大米往自己身下拖了拖。"那就都一起在这儿挤着吧，大冬天的，还暖和。"民工笑着说，露出了他那泛黄的牙齿。这句话让车上原本不和谐的气氛有了扭转，周围的人们一哄而笑，那女人似乎有些尴尬，但是脸上的不愉快似乎也被这一句话冲走了。

边上的我陷入了沉思，如果我像那位民工大哥一样以另一种态度去面对每一天的生活，是不是也会感觉大不一样呢？不就是这种忙碌的生活带给了我每日的充实和不一样的快乐吗？

好坏，往往只在一念间。下了车再抬头看看那月光，似乎已经没有那么冰冷了，这时我看见了妈妈正在路边等我回家的温馨身影。

虚荣的代价

王子畅

我是一名优等生，随着荣誉的增多，耳旁的赞誉声也随之增多。不知不觉中，我的虚荣心也渐渐地滋长起来。终于有一次，我体会到了虚荣的代价，明白了深刻的道理。

每天，数学老师都会留一道思维拓展题，每次我都能顺利地完成，可是没想到，这次我竟然想了一个多小时也没理出头绪。稍稍休息片刻后，我继续苦思冥想，可不管怎么想，还是没有答案。

第二天数学课上，老师检查作业："没做拓展题的同学请举手。"听了老师的话，我的心怦怦直跳，天哪，老师为什么偏偏今天检查呢，以往都是交作业本给他看啊。怎么办呢？我左顾右盼，全班只有七八个举手的，我是举还是不举呢？如果举了，岂不在同学面前丢面子吗？

如果不举，万一老师查到我怎么办呢？唉，哪有那么多的万一，顾面子要紧。于是，我把刚刚举起的手立刻缩了回去，故作坦然地坐着，心跳得更加厉害。可是屋漏偏逢连夜雨，老师的目光偏偏停在我身上，我低着头一言不发，羞愧极了。老师耐心地等着我，同学们用异样的目光盯着我，教室里一片寂静，我感觉整个教室的空气都凝固了。此时，时间像身负重物的老人慢慢地挪动着脚步，每一秒钟都是那么漫长，好像故意让我在师生面前饱受尴尬，饱尝难堪似的。

老师看到我难过的样子，语重心长地说："学习来不得半点儿虚伪，我们应该像古人那样，知之为知之，不知为不知，这才是科学的态度。"听了老师的话，我脸上火辣辣的，心里难过极了。这节课，我的心里除了自惭就是懊悔，觉得无脸面对老师，面对同学们。想想平时老师对我的表扬，同学们对我的夸奖，我羞愧难当，无地自容，真想找个地缝儿钻进去！

晚上，我辗转反侧，怎么也睡不着，这件事在我头脑里一遍遍地重演。老师的批评，同学们异样的目光，一次又一次敲打着我的心。我想，自认为优等生的我，竟然为了一时的面子，不懂装懂，欺骗了老师，欺骗了同学，更欺骗自己。这一次的经历，让我深深地体会到了虚荣的代价，同时也明白了学习来不得半点儿虚假。

第一次蹦极

管云鹏

星期天，妈妈终于答应带我去玩蹦极，我心里甭提有多高兴了！

刚来到蹦极场地，我就看见许多小朋友在玩，他们像一只只快乐的小鸟，上下翻飞。看他们玩得这么开心，我十分羡慕，也跃跃欲试。终于轮到我了，我往弹簧床上一站，就像踩在了棉花上一样，一下子失去了重心。

我结结巴巴地对妈妈说："妈……妈妈……这床也太软了，要不咱们下次再来吧！"

妈妈听了，笑了笑说："还男子汉呢！有什么可怕的，妈妈在旁边保护你。"

老板看到我害怕的样子，一边给我绑安全带，一边说："没关系，小朋友，一开始谁都这样，玩几次就好了。"我胆战心惊地乞求道："叔叔，把安全带绑紧点儿。"老板自信地说:"放心吧! 这安全带结实着呢! "说着,用力把我往下一拽,还没等我反应过来,就已经飞到了半空中。

我的头"嗡"的一下,感觉整个人失去了重心。我用手紧紧地抓住安全带,一点儿也不敢马虎。还没等我反应过来,我又回到了弹簧床上,刚想跟妈妈说上几句,就又飞了上去。

来回几次,我的心渐渐平静了下来。

这时,老板大声喊:"别害怕,用脚使劲儿蹬弹簧床。"

听了老板的话,我使劲儿一蹬,果然弹得更高了。弹到最高处时,我往远处一看,昆吾园的景色还挺美! 一片片草地像一张绿色的大地毯,远处的人群像一只只黑色的蚂蚁,这种"一览众山小"的感觉真是爽极了!

不知不觉,时间到了,我从弹簧床上跳下来,极不情愿地离开了蹦极场地,心想:"我下次一定再来! "

一片半枯的叶

孙瑞瑶

　　一个月前，妈妈买来两盆绿萝。绿萝的叶面光洁清新，叶脉的纹路像我的手纹一样条理清晰，我非常喜欢，就请求妈妈把它们交给我来照料。

　　一天，我去浇水时，发现其中一盆有一片半黄的叶子，它的叶尖已经变成了浅褐色，再往下是深黄、浅黄，只有最下面靠近叶柄的一小块地方是绿色。这片叶子，长在一片碧绿的叶子中，是那么碍眼，多难看呀！我急忙跑去拿来剪刀，想要剪下它，给绿萝"美美容"。

　　我刚举起剪刀，正要剪下去时，一个声音在耳边响起来："不要剪，它也是一个生命！而且，你看，它只是一半黄了，还有一半是绿色的！"另一个声音跳出来了："剪吧，虽然它有一半绿，但你别忘了，那一大半都黄了，而且叶尖都成褐色了。就算有希望活着，希望也是很渺茫的。再说，那片叶子多影响整体的美感啊！"第一个声音又响起来了："别听它的，就算只有一点儿希望，那也要试一试啊，也许过几天它就活过来了呢！这样，既给你的绿萝多留住了一片绿色，又不影响整体美，只需要时间等待，不是吗？"另一个声音又说："它都说了，只是也许而已，又不是真的，就算有希望，那也需要时间，也许一个月才能活过来，也许更长！但你能承受那种抱着期待等待，最后却失望的感觉吗？而且，说不定等不到那一天呢，你不就白等了吗？所以，还是剪了吧！"

可是，第一个声音很坚决地提醒我："等待很长时间怎么了？为了自己美好的期待而付出等待，那是值得的！而且，等待的过程，可以磨炼你的承受力和耐力，不是很好吗？只要你悉心照料，它就有活过来的希望，我们谁都没有资格决定它的生死！"

对，我们谁都没有资格决定它的生死！我听从了这个呼唤生命的声音，没有剪掉那片叶子，因为我知道，那片叶子也有活着的理由，一个生命没有资格决定另一个生命的生死。

那声音常在心田

自拍神器变变变

崔　远

　　大家都知道，孙悟空会七十二变，但这七十二变可不是他一个人的专利。这趟崂山之旅，我和我的小伙伴们就发现了一个可以和孙大圣媲美的变化"神器"。

　　周末，老妈带着我和好友佳琪、麦克去风景如画的崂山游玩。这年头出门旅游，忘带什么都不能忘带一样东西——自拍杆。你看这一路上，不论男女老少，几乎人手一根自拍杆，每到一处景点，他们都会伸长自拍杆，给自己美美地来上一张自拍。我们也不例外：漫山遍野的杏花、桃花、樱花、玉兰竞相开放——"咔嚓！"我们秒变万花丛中一点绿。一座座山峦挺拔青翠——"咔嚓！"我们的身影被嵌在了群山的环抱中。清泉一泓，潺潺流淌，映照恬静之美——"咔嚓！"多好的背景，必须来上一张！

一变：登山魔杖巧化身

好景不长，走着走着，我们的体力就不足了。我不禁跟老妈抱怨起来："妈，咱怎么没带登山杖出来啊？太失策了！"佳琪、麦克纷纷附和，眼看罢工在即。要说姜还是老的辣啊，老妈眼珠一转，挥起了自拍杆。我下意识地一躲："妈，别动怒啊，有事好商量。""看你吓的，不是要揍你，我是说，拿它当登山杖。"嘿，好主意，凑手的工具就在眼前，我们怎么没想到呢？我和小伙伴迫不及待地学着妈妈的样子，把自拍杆伸到最长，固定好，在地上戳了戳。自拍杆转眼就成了如假包换的登山杖，还是升级版，可伸缩的。我们齐刷刷地向老妈竖起了大拇哥。

二变：舞蹈道具帅起来

有了新式登山杖，我们又健步如飞起来，不一会儿就到了一处清泉边。"前有雨中曲，后有清泉舞，看我的！"面对美景，自居资深舞者的我灵感爆棚，舞性大发，想给大家表演前一阵刚看过的《雨中曲》。不对，跳《雨中曲》得有道具伞，我空着手怎么能行？"嘿，接着！"和我心有灵犀的佳琪把她的自拍杆"嗖"地扔了过来。嘿，这家伙，长度和雨伞柄完全一致，用起来那叫一个得心应手！我全身的舞蹈细胞似乎都被释放了！

三变：救命稻草要抓紧

就在我翩翩起舞之时，只听"啊"的一声惨叫，站在泉边的麦克不知被谁推了一下，掉进了池水里！麦克挥动着双臂，拼了命地挣扎翻腾。"谁会游泳？谁会游泳？"佳琪慌了神，大喊道。旁边的人正犹豫呢，我灵机一动，把自拍杆向麦克伸去。麦克就像看见了救命稻草似的，一把抓住自拍杆，然后一使劲儿——他不站起来不要紧，一站起来，大家顿时哄堂大笑，原来，那水只淹到了他的肚子。虽说是虚惊一场，但自拍杆好歹也帮了大忙。我用手颠了颠这自拍神器，还有点儿小得意呢。

N 变：生活处处有创意

下山的路上，我们还在研究自拍杆的用途。我们又把它变成了移动晾衣架、导游旗杆、乐队指挥棒、网球架……孙大圣，我可不是故意和您争宠，是因为生活处处有创意呀！

这里的夕阳

杨蓉蓉

看着天空中的夕阳烧红了半边天。我叹息它的美丽转瞬即逝，因为不久那一片火红也会淡去。正如那些风烛残年的老人们。

你有没有嫌弃你的爷爷奶奶跟不上时代，有没有嫌弃他们的絮絮叨叨，有没有心情不好的时候和他们顶撞？是的，也许你的知识面比他们广，也许你知道5×6=30、叶子里还有叶绿素，这些他们都不知道；也许你能做到过目不忘，但他们还得问你昨天他把剪刀放哪儿了……但是，你知不知道你随手将香蕉皮扔在桌上，他们会默默帮你丢到垃圾筒里；你知不知道今天你嫌弃饭菜不可口，明天他们会问你想不想吃红烧肉；你知不知道，他们每天会在你放学之前倒一杯清凉的茶并焦急地看着时间一分一秒地走过。或许你认为这些都是理所当然，但你怎么不想想，你为他们端茶送饭更是理所当然。他们也曾经有过他们的梦想，他们也曾经有过他们的期望，他们也曾经像我们现在一样，快乐，无忧。也许，他们现在的每一个愿望，都随时可能变为遗愿，那时，我们想去做也晚矣。

看看他们秋霜般的白发吧，看看那刀刻般的皱纹吧，看看他们手中已织了一半的毛衣吧……看看吧！那白发是为你劳累了一生的见证，那皱纹是你惹他生气的印痕，那针针线线是为你驱逐寒冷的暖衣。你到现在或许只看见过他们满足的笑容，只知道他们会根据你的要求，为你尽心尽力做好每一件事。

惊 魂 一 刻

陈雁冰

从小，我的胆子就特别小，尤其害怕虫子，每次见到虫子，就会冒冷汗，全身起鸡皮疙瘩。那次寝室毛毛虫来袭事件虽然过去很久了，但当时的情景依然历历在目——

当时，我正在读三年级。秋季开学第一天中午，我和其他同学一样，在老师的带领下进入寝室睡觉。寝室里很干净，阳光从窗户照进来，把整个房间照得亮堂堂、暖烘烘的。

我东看看，西瞧瞧，在阳台的窗子边找到了自己的床。走到床前，我左手握着床头的杆子，右脚往床上一搭，想要爬上床。突然，我无意中看见了枕头中间有一个黄黄的东西，定睛一看，是只毛毛虫——足足有三厘米长，黄色的身子，灰褐色的头，浑身长满又尖又长的黄刺！妈呀！太可怕了！我整个人顿时像筛糠似的猛抖了一下，才搭上床的右脚立刻缩了回来，握着床头杆子的左手也一下子掉了下来，随即，两只脚立马后退了好几步……

毛毛虫动了。它的头先向前爬行了两下，然后暂停，接着，身子的尾部向前推动两下，随即，身子的中间部分便弯成了"弓"字形；再接着，它尾部不动，而头的那一端爬动两下，这样，身子便伸展了。然后，它的头又向前爬行了两下……就这样，浑身带"剑"的毛毛虫波浪一样向前蠕动，速度很慢，好像不熟悉道路，也好像在试探着什么……

"哎呀！毛毛虫，你快爬走哇！我与你无冤无仇，为什么要跑来吓我？快走吧！快走吧！"我不停地央求着。这时，毛毛虫的身子往右摆了摆，又往左摆了摆，身上一排排的"剑浪"上上下下起起伏伏。过了一会儿，毛毛虫居然把头抬了起来，然后又慢慢放下，接着，身体弓成了"山"字形，之后又缓缓地放下身子，腹部的吸盘一升一落，慢悠悠地走了几小步。我见了，心里暗乐，太好了，该死的毛毛虫要走了！可没过几秒钟，心里的阳光又被乌云遮盖了，毛毛虫才走了几厘米就不动了！可恶的毛毛虫，你怎么赖着不走哇？你难道不知道我这儿不欢迎你吗？这可怎么办呢？

"怎么了？"一个熟悉的声音传来。我转头一看，原来是李老师，便哆哆嗦嗦地指了指枕头上的毛毛虫。李老师看见了，急忙走到跟前，拿起枕头，往下轻轻一抖，毛毛虫就掉到了地上。随后，老师用笤帚把毛毛虫扫到簸箕里端走了……

这件事虽然过去很长时间了，但那惊魂的一刻，却始终印在我的记忆里！

风趣的语文老师

颜佳荷

今天晚自习是由崔老师给我们辅导的。崔老师四十多岁，和蔼可亲、幽默风趣，教我们语文。崔老师上课，总会带给我们不一样的惊喜。今天晚上，他又来了个大突击，把我们搞得措手不及，更逗得我们笑声连连。

上课了，崔老师先在黑板上写下十个序号，再慢慢悠悠地转了过来，满脸堆笑地对我们说："同学们，又是一个静谧的夜晚，这么柔美的月亮照着我们，这么闪烁的星星……让我们来评一评作文吧！"同学们听得心里直"发毛"，但又不得不接下老师扔来的"烫手山芋"。

"谁先来？"崔老师笑容满面地说。同学们心里那叫一个抖啊，但谁也不敢出声。时间一分一秒地过去了，还是没有人上台，老师有些着急了，但还是很风趣地说："男子汉们，女中豪杰们，就没有一个人上来证明自己吗？"缓冲了一下，同学们都有了一丝想上去写上自己大名的冲动。崔老师见到这样的情景，脸上多了一抹笑。吕洋同学上台了，崔老师扬起了嘴角；颜佳荷同学上台了，崔老师点了点头；李少君同学上台了，崔老师双手环腰，嘴咧得更大了；陈思同学上台了，崔老师嘴巴张大，笑得更开心了，还不停地点点头……黑板上还剩下两个席位，过了半天，没有同学上去了，崔老师脸上的笑容渐渐消失了，眉头紧锁，嘴巴一撇，叹了口气。

"难道就没有人了吗？人都哪儿去了？我用'四只眼睛'（崔老师戴着眼镜）看咋都看不到呢？"同学们沉默了。一阵紧张后，一位平时不太突出的同学勇敢地上前写上了自己的名字，还有一位平时作文写得平平的同学也上去写上了自己的名字。崔老师见了，脸上的笑容又泛起了，顿时，教室里云开雾散，彩虹又回来了……

可以想见，我们今天的晚自习又要在欢笑和掌声中落下帷幕了。

瞧，这就是我们的语文老师——崔世春老师，他幽默风趣、教导有方，我们都非常喜欢上他的课。

那声音常在心田

徜徉在水绘园中

顾皓然

我游览过不少风景名胜，但在我心目中，最美的还是家乡的水绘园。这座当年"明末四公子"之一的冒辟疆与秦淮佳丽董小宛的栖隐之园，如今游人如织，遐迩闻名。迎着夏日凉风，我徜徉园中，欣赏着秀丽的风景，感受着幽幽怀古情。

跨入古色古香的东大门，踏上拱形小桥，旧园主冒辟疆的雕塑巍然屹立于眼前。他长衫飘飘，正手执书卷凝望前方，眼神里含着淡淡的忧伤，不知是正在构思新的诗篇，还是在慨叹明代的灭亡。望着他，我想起了那段历史：清兵入关后，"明末四公子"中唯有他隐逸山林，不事清朝，全节而终。这是多么令人敬佩的民族气节！

再往前行，蜿蜒曲折都是水，廊前水盈盈，轩后水汪汪，这里的水把亭台楼阁巧妙地连缀在一起，展现出一个恬静淡雅的世界。倚着小桥西望，洗钵池的水在阳光下泛着点点波光。在池子的那边，古水明楼仿佛一艘画舫，从三百年前的烟雨迷蒙中驶来，载着冒董的传奇，驶过风风雨雨，停泊在幽静雅致的皋城一角。探出花墙的一丛翠竹，在风中发出"沙沙"的声响，仿佛向游人讲述着旧日的故事……

在这画舫里，究竟藏着怎样的风景呢？走过曲折回廊，我进入了池畔的古水明楼。放眼望去，雨打芭蕉，水韵氤氲。透过临池漏窗向外远眺，真觉得"人在舟中，舟行水上"，多美的意境！看着董小宛当年摆放瑶琴的古琴台，我似乎看到她正轻拨瑶琴，指尖流泻出动听的旋律，才子冒辟疆正和着琴声吟诗作对呢！一旁展示的红木竹屏，以红木整板雕刻，那竹子叶叶清晰，刀刀分明，不由得让我佩服古代匠人的好手艺。

出了古水明楼，赏过了波烟玉亭、小三吾亭及镜阁，我登上了园中最高处——悬溜峰，环顾四周，园中美景一览无余：古树葱郁，栏绕廊转，宛如一幅绝妙的画卷。当年，冒辟疆就是在这儿与董小宛推敲诗句的吗？当年，冒辟疆就是在这里相会文人志士的吗？当年，冒辟疆就是在这里收留抗清将士遗孤的吗？我不由得又一次坠入历史，遐思万千……

"名园名人名天下，雉水皋城水绘园。"我徜徉园中，品读着绿染翠绕的文人情怀，心中涌起了无比的感动与敬意。

我 的 父 亲

常 宇

　　父亲今年四十岁，身材瘦小，看起来倒像一个五十多岁饱经沧桑的老头。今年下学期报名时，我被父亲高大的身影震撼了。

　　那天，父亲送我到学校报名，出门时，父亲用他那瘦弱的肩膀扛着装有被套的蛇皮袋，用那粗糙的左手紧紧地提着我的书包和行李，我两手空空跟在父亲的后面。父亲走得比较慢，不知是东西太重，还是父亲身体不舒服。我低着头慢慢地跟在后面，无意间我看见父亲穿的鞋黑乎乎的，鞋后跟还粘着已经干硬的泥巴，右脚的鞋子口也破了，再往上看，父亲的裤子都褪色了，上衣还有针线缝过的痕迹，再看看自己一身新，不由得脸发起烧来。我没有想到父亲为了我，为了这个家竟节约到这种地步。我真浑！父亲什么时候变成老头儿了我都不知道，我有时还向父亲提出过分的要求，我真不孝呀！

走到前面一个拐弯处，父亲转过头来看了我一眼，示意我走快点。我快步跟了上来，看着父亲的脸，我心里不禁一颤：父亲脸上刻着一道道皱纹，深邃的双眼布满了血丝，已经不再炯炯有神。我好久没有这么近距离地看过父亲，我甚至不敢相信，走在身边的这个人就是我的父亲。

我怔住了，停下脚步。父亲离我越来越远，身影越来越模糊，原来是我那不争气的眼泪模糊了双眼。我擦干泪水，眼前出现了一个高大的身影，扛着沉重东西，迈着坚实的步伐，大步向前走去。我突然意识到我落在后面了，立即箭一般冲过去……

在以后的日子里，我每当遇到挫折和困难时总会想起父亲那高大的身影，那个扛起一家人生活重担的巨人。

大美青海湖

王景浩

　　趁着暑假，我和我的伙伴们怀着激动兴奋的心情，坐上大巴车，来到了向往已久的青海湖。

　　清晨，在金色曙光的问候中，我们来到青海湖的入口处。啊，我们都被惊呆了！一大片一大片的油菜花呈现在我们眼前，犹如黄色的地毯一般，铺向远方蔚蓝的天边。这就是万亩油菜花。在曙光中，在微风中，金灿灿的油菜花左摇右摆，摇出一层金色的波浪，摆出一副婀娜的姿态，欢呼着、雀跃着，声势浩荡地奔向辽阔无际的远方。

　　穿过万亩油菜花，就是青海湖了。我们争先恐后地飞跑下车。一股格外清新的空气扑鼻而来，直入肺腑。我放眼一望，顿时被眼前的景象给惊呆了。美丽娴静的青海湖，一望无际，天连着水，水连着天。白云倒映在湛蓝的青海湖里，像被镶嵌在湖面上；蔚蓝的天空飘着朵朵白云，像是镜子里的青海湖。我忍不住发出这样的赞叹：青海湖的水真蓝啊，蓝得好像天空融化在水里；青海湖的水真清啊，清得可以看到湖底的石头；青海湖的水真静啊，静得好似一面明亮的大镜子。

突然，一个淘气的小伙伴往湖面上打了一个水漂儿，激起了一朵朵小小的浪花，好像是在热烈地欢迎我们。我们也跃跃欲试地玩起了打水漂儿，一朵朵小小的浪花纷纷跑出湖面，同我们一起快乐地欢呼着、叫喊着。我们又欢笑着奔向湖边，欢快地踩出一朵朵水花，任调皮的水花搔挠着我们的脚底板，弄湿我们的裤腿……

在恋恋不舍中，在几番呼叫中，我们坐上大巴车，告别了美丽无边的青海湖，告别了金色灿烂的油菜花。我们的快乐，却永远定格在这里——青海湖，我们还会再来的！

闲不住的爷爷

马小倩

　　我的爷爷是个退休工人，虽然已经八十多岁了，但依然红光满面、神采奕奕，走起路来健步如飞。爷爷最突出的特点是勤快，总也闲不住。

　　每年"立春"节气刚过，还有些春寒料峭，爷爷就开始往院子西南角的菜地里拉粪，之后又忙着翻地。翻好铺平后，他总是要分几个菜畦，菜畦之间的土埂被他弄得笔直笔直的。到了清明前后，爷爷就开始种蔬菜，种完后盖上塑料薄膜，等菜苗出来后又开始浇水、施肥、除虫……小小的菜园子被他打理得井井有条。青翠欲滴的韭菜、又粗又长的豆角、翠绿的黄瓜、又大又红的西红柿、披着白纱的冬瓜、长长的丝瓜、圆圆的南瓜……爷爷亲手种的天然无公害蔬菜，吃起来别有一番滋味。

　　爷爷还在院子的东南角开辟了一个果园，果园里种的有梨树、柿子树、石榴树。每年春天，果树竞相开花，树上花团锦簇，果园周围弥漫着浓郁的花香。当然，爷爷也是忙得不亦乐乎。秋天到了，就可以品尝到香甜可口的脆梨、清甜爽口的柿子、鲜美多汁的石榴了，想到累累果实哪能不高兴呢。

房前是爷爷的小花园，里面种满了月季和竹子，他闲来无事总会去打理他的小花园。春天到了，月季陆续开放，红的似火，黄的似蝶，粉的似霞……一阵微风吹过，青翠的竹子随风轻摆，远远望去，就像绿色的湖面荡起轻轻的涟漪。爷爷常常坐在那里品着香茶，晒着暖阳，陶醉在这美不胜收的景色里，脸颊上洋溢着幸福的笑容。

爷爷除了打理菜园、果园、花园，还经常做其他杂活，每天都忙得不亦乐乎！

老妈的"三大狂症"

刘雅婧

母亲节到了，就让我们来说说我们最亲爱的妈妈！

在你眼里，妈妈是怎样一个人呢？是温柔贤淑、善解人意，还是大大咧咧、雷厉风行？快来看一看我笔下的妈妈吧！

说起我的"奇葩"老妈，不得不说她的"三大狂症"。

老妈患有"股票癫狂症"已有好多年。那是一个阳光明媚的早晨，当我还在做美梦时，四楼就传来惊天动地的欢呼声："一千股，赚翻了！发财了！"那嗓音仿佛能使这栋楼震颤。我摇了摇晕晕乎乎的头，眨了眨惺忪的睡眼，手忙脚乱地整理好床铺，小心翼翼地上楼踏进了老妈房间。只见她正捧着电脑，兴奋地冲着我喊："妈妈的股票涨了！涨了！我就知道这是潜力股，果然不出我所料……"她神采飞扬，脸都涨红了。天哪！老妈一大早絮絮叨叨个没完没了。我赶紧逃出她的房间，迅速钻进暖和的被窝之中，用被子把头蒙了个严实。

后来，患有"股票癫狂症"的老妈又得了少女才会得的"追星癫狂症"。

老妈追的明星很多，我唯一认识的就是《太阳的后裔》里的男主角扮演者——宋仲基。说起这个男主角，我就想起老妈追星的一幕幕：《太阳的后裔》开播了，老妈连忙退出股票网站，点开这部电视剧。哇，宋仲基！见到自己的"梦中情人"，她的眼睛都直了。不一会儿，她就理直气壮地支开我了："你看，都晚上八点了，时间不早了，你该去睡觉了。""好的！"我顺从地进了自己的房间，但并没有睡着，而是津津有味地看起书来……到了十点我起来刷牙，见老妈房间还隐隐约约闪着光，直到我躺到床上，老妈房间还时不时传出声响，驱赶着即将把我带入美梦的梦神。一会儿，电视剧的微微声响就让我的睡意烟消云散了。直到凌晨一点钟，那声音才逐渐消失，我也顶着一副熊猫眼迷迷糊糊地进入了梦乡。

最近老妈又得了"唱歌癫狂症"。可她那五音不全的嗓音，唉——对耳朵来说真是种折磨呀！可以说，别人唱歌是要钱，而她唱歌是要命啊！一上车，车内传来的动听的音乐，可在她的哼唱中成了不和谐的曲调。起初，我和老爸笑得前俯后仰，可时间长了，我们不禁捂起了耳朵。

我趁老妈不注意，偷偷把音乐关掉，可她还在我行我素。听，张信哲的《别怕我伤心》她唱成了凤凰传奇的《荷塘月色》的调……唉，唱歌狂人——老妈，你还要"毁"多少首好歌啊！

老妈的这"三大狂症"，已"重症"多年。如今这些"毛病"，只怕想改也改不掉哦！

"年终奖"

施　仪

我们期末要发奖状，老爸公司里年终也要发奖金，我们家也跟上了"时尚"的步伐。今天，我们来了个"年终评奖"。

第一项：勤俭持家奖。听名字就知道这个奖一定是我老妈的了，虽然她平时有些唠叨，但是这个奖对她来说也算名副其实。她可是典型的贤妻良母，是爸爸的贤内助。

第二项：天天向上奖。嘻嘻，这是属于我的奖项哦！这学期以来，我的考试成绩可是一次比一次好。比起以前，唉！天天在老师办公室补课，日复一日，我终于"发光"了！是金子总会发光的，只要努力，发光只是早晚的问题而已。

我和妈妈都领到了各自的奖金。你是不是认为接下来轮到我爸爸了？对不起，没有了。你看我爸那眼睛快

"弹"出来了。正在爸爸眼巴巴的时候，妈妈说了句："奖项宣读完毕！" "等一等！为什么没有我的奖项？"爸爸抗议道。"为什么？"我妈不乐意了，"不批评你就不错了，虽然你不抽烟不喝酒……" "对啊！我可是三好男人！"老爸得意了。"嗯？给你点儿阳光你还灿烂了！我还没说完呢！" "对啊！老妈还没说完呢！"我乘机嚣张了一下。老妈继续控诉着："就你这打牌的毛病，你看看这一年来，打牌都花了多少钱？还想拿奖金？没门！"看着爸爸垂头丧气的样子，我忍不住安慰他："老爸，你可是三好老公啊！对不对？就算你拿了奖金，你也会上交给老妈的，那么拿和不拿有什么区别呢？"说着我还拿着几张大钞在他面前晃悠。

"哈哈哈……"我们全家都笑了出来，除了那个"可怜"老爸。老爸，你要努力改正错误，争取明年年底的年终奖有你的份哦！

曾改变我的一件事

曾子衿

认识我的人都说我是一个固执的人，认死理，但却因为那件事，妈妈改变了我。

十一岁那年暑假，我去上海帮妈妈卖菜。有一天下午五六点钟，正是下班的高峰期，买菜的人特别多，生意十分繁忙，我和妈妈都快忙不过来了。这时，一位年近花甲的老人前来买菜，我给她拿了一个袋子，不一会儿，她便选好了菜。我称量过后给她报了价钱，就等她给钱。可她递过来的钱，是一把一毛的零钱，我不禁眉头一皱。要知道，她的菜钱是八块多啊，这不是成心整我吗？一股厌恶之情油然而生。我耐着性子将钱数完，谁知钱还不够。我告诉她，她在身上摸索了一会儿，说了一句话，让我的厌恶感急剧上升："我没零钱了，你把钱给我，我给你一个一百的，你找吧！"你们看，这话气不气人？不是摆明了要我吗？我带着情绪给她找了零钱。她一走，我便一脸讨厌的神情告诉妈妈，其中还不忘添油加醋。

哪知妈妈却一反常态地说："你这么做不对，你只因为一件事，就直接否定了她。无论她给你多少钱，什么样的钱，你都是卖家，你都应该接受、宽容。你不该用鄙视的眼光看她，你没有资格去看不起她，哪怕她是一个卖破烂的，你都没有资格鄙夷她。她有自己的尊严。"我听后，先是一阵诧异，我从未想过没读过多少书的妈妈能说出这样的话。同时，我也明白，为什么妈妈的人缘那么好，为什么在她困难的时候，有那么多人愿意来帮她。

因为那件事，因为妈妈的话，彻底改变了一向固执的我。它告诉我，你不该看不起任何人，不能因为他的身份而给他这个人下定论。每个人都有自己的尊严，你需要用平等的眼光看人，否则，只能说明你的心胸狭隘。

武林班外传

张贵敏

"5，4，3，2，1……""丁零零——"下课的铃声如期而至，刚还在课堂上昏昏欲睡的那些"睡神"们，如同被打了鸡血一般，顿时兴奋起来，又开始了一番"群魔乱舞"。

突然，从教室的后方传来一股"杀气"。小A和小B不知因为何故产生了争执，一时围观人数剧增。

话说"君子动口不动手"，只见小A和小B的嘴唇以每分钟八百次的高频一张一合，可谓一发不可收拾。两人的口水正三百六十度全方位对外喷洒，以山洪暴发排山倒海之势席卷周围无辜又惊愕的同学。总之，是吵得面红耳赤，青筋暴跳，惊心动魄啊！

并且，如此的口角之争非但没消除双方的怒气，反而战况开始升级——君子动口变动手。只见小A腾空一跃，在完成空中两周半侧体翻转，对小B顺势一个拳脚轰炸，让小A是措手不及，一时败阵下来。此时，小B难压心头之愤，及时气沉丹田，清气上升，浊气下沉，劲灌手心，使出一招武林中失传已久的"九阴白骨爪"，说时迟那时快，让一旁暂时占上风的小A躲闪不及，瞬间被反击的四脚朝天，难使招数。这场争斗又以小B反败为胜扭转局势。

"丁零零——"熟悉的上课铃声也在这一刻响起。同学们只能在意犹未尽的情况下以"百米冲刺"的速度各回各位，继续下一节的"睡神"训练。欲知后续如何，需静待下回分解。

最美"307"

李敏瑶

命中注定一样，来自七个不同地方、不同家庭背景的女孩儿聚集在了一起，她们的故事在一天天上演……

就是此刻，我还记得我们刚见面的那一会儿，她的开场白："你们好，我是小Z，你们以后可以叫我Z哥，在以后的日子中，有我陪着你们，各位美女不用担心寂寞哦！"就是这样，她入了我的心，一个有着短发和爽朗笑容的女孩儿，她是七个人中最活泼的一个，也是最善良的一个！

她是最具大将风范的一个女孩儿，我们宿舍的女王，有点儿山东腔，当小Q和小Y吵架时，她总是充当和事佬，像只小蜜蜂一样劝这个劝那个，结果每次都弄得满头大汗，比两个吵架的人还狼狈！默默付出不求回报，这是她——小L。

是不是每个人都有她独特的萌点？她是学习最好的一个，却是最迷糊的一个，每次她丢东西的时候，其他的六位女孩儿都会帮她找，就是你不想也不行，当她鼓着腮帮子，用一双湿漉漉的眼睛看你时，你会瞬间被戳中萌点，去帮她。她是最小的，最萌的，最迷糊的——小Q。

每天晚上都会发生很多趣事，其中少不了她们的笑声，她们总可以在冷场的时候使场面热起来，她们是七人中，最热心的三个，也是这个宿舍中的捧场王组合"DXJ"。

在你们身边会不会有这样一个女孩儿，想关心别人，每次却都别别扭扭地不说出来，即使被别人误会，也绝不会说出来，宁可自己在被窝里哭一顿。她会高傲，却最容易受伤，会笑，却总是会笑得很假。在自己认同的人面前却是一个不折不扣的傲娇的小女孩儿！她是傲娇小妞——小Y。

冬天时，你会发现每天晚上下自习以后，三个女孩儿拿着六七个杯子笑着去接水；当值日的时候，再爱赖床也会在这天起得早早的，早早地收拾好，早早地去扫地，即使干得多了，也不会抱怨，因为她们知道这栋楼中，她们七个人组成了一个家，一个五彩缤纷的家，一个时时围绕着温馨的家！

时光终会变迁，不过不管过了再久她们也会记得：有那么一个宿舍是307，有那么一个组合——"DXJ"，带给所有人的欢乐。有Z哥带来的豪爽，有女王带来的付出，有被小迷糊戳中的萌点，有傲娇小妞带来的别扭的关心，有在寒冷冬夜送去的温暖水杯，有在值日时多干的活……

　　七位美女，时光不老，我们不散，好吗?

那声音常在心田

何 琳

"黑皮，黑皮！"

"黑皮，来这儿！"

"黑皮，吃饭了！"

瞬时，一只黑亮亮的狗出现在人们的视线。它的毛发很短，干净整洁，全身黑得发亮，四只爪子却是白色的，白得没有一点儿杂色。它的眼睛圆溜溜的，总是很有神，小尾巴也总是不停地摆动，不经意间就蹭到你脚踝边撒娇……

黑皮是一只普通的狗，但它于我却意义非凡。它是我零碎记忆中最完整的存在。原因或许是因为它陪伴我很久，也或许是因为对它的愧疚。

那个下午我喂黑皮吃完饭后已经是下午一点左右了，它在院子里缩成一团开始午睡，我也躺在长椅上睡下了。

再醒来时，日头已经没有那么毒了，我拉着精力充沛的黑皮出去跑步。那时，黑皮是我的保障，因为有它，家里人才安心让我出去。

我兴冲冲地打算跑到一个花园，黑皮也跟在我后边"汪汪"地叫。每每当它要超过我时，它又忽然减速，故意掉在我后边。

我们跑啊跑啊，跑到了一个小花园，在一棵圆形花木边玩起了游戏。黑皮很聪明，每当我从左边跑出，它便立刻在左边拦截，当我从右边冒出时，它又早有预知般地在右边等着我，它高兴地跳起，抬起两只白色的前蹄，吐着舌头……

那么快乐的时刻，只是这短暂的欢乐却成了我们的终点。

夕阳要下山了，我们玩累了，应该回家了。我们跑啊跑啊，或许只是我在跑啊跑啊……

辛辛苦苦，我跑回了家。这一路，我没有回头看过黑皮一眼，我也没有停下来一次和黑皮慢慢走一会儿，我也没有听到黑皮的叫声。

只当我回到家气喘吁吁转过身看看黑皮时，身边却空荡荡的，没有它的身影。我以为黑皮只是慢了一点儿，于是我坐在了门边上，等它回来。

我等啊等，等了许久都不见它的影子，甚至过了饭点，它也没来。我跑了出去，但刚跑出去没多久我就止步了，就在大门口，一个黑亮的阴影正在夜色中颤抖，我不可置信地往前走，越走越近，可以依稀听到它的呼吸。

"黑皮，黑皮？"黑皮没有应我，但我隐约看到它抖动了一下。

"黑皮，黑皮你怎么了！"我看着黑皮身上深红的印记，叫来了爸爸。

"黑皮，吃饭了，回家了。"我轻轻摸了摸黑皮的头，黑皮圆溜溜的眼睛看了我一眼。

"汪——呜——"最后一刻，黑皮选择了对生命的哀号。

我不知道它是对我的回应，还是对命运的不屈，或者是对我们的不舍。

黑皮死了，爸爸看着地上的血迹便知道它是被偷狗队打死的。

我只知道，黑皮死了，我没有赛跑对象了，我没有尾巴可以踩了，我没有翘首以盼地期待着我的身影了。我再也没有养过狗了……

我不曾忘记黑皮，过去将来，都不会。它那"汪汪汪"的叫声，常在我心田。

雁 荡 奇 石

施新颜

　　云遮雾罩的雁荡群山千姿百态，在人们天马行空的想象中上演着一幕幕精彩的神话故事。瞧，猪八戒正在卖力地背着他的媳妇。他扇着大大的耳朵，汗如雨下，而他媳妇呢，披着绿色的长发，将手搭在他的肩膀上，手舞足蹈，实乃孙悟空也，猪八戒空欢喜一场。这就是搞笑的"猪八戒背媳妇"石。啊！好大的手！粗指粗腕，令人震撼。哎！这是什么？圆圆的脑袋，尖尖的耳朵，还时髦地穿着一件方领衬衫，原来是孙悟空被如来佛祖压在了五行山下。下面巨大的悬崖峭壁中，出现了一个"观音菩萨"，在树繁花茂中时隐时现。云雾缭绕中，她手拿玉净瓶和杨柳枝，远远望去，观音菩萨从南海驾云而来，欲解救受苦受难的孙悟空呢！

　　古诗云："峭刻瑰丽，莫若灵峰；雄壮浑庞，莫若灵岩。"那连绵不断的漆黑山峰在夜幕的陪衬下姿态各异，更增添了一种朦胧、神秘的感觉。灵峰夜景的奇特之处就在于同一景观因观看的时间、角度不同而千变万化。夜赏奇石，我也是平生第一次。在导游的红外荧光电筒下，只见一位挽着发髻的少女正在奋力向上，她穿着披风，长裙及地，想像神仙一样自由自在地飞向天庭。可路途中，我猜她一定会遇到很多危险，但她毫不退缩，继续向着自己的目标努力；此谓"少女飞天"石。这边有位老寿星，慈眉善目，他一手捋着长长的雪白胡须，一手持杖，正目送我们远去，祝福着我们平安，健康。欣赏了许多奇形怪状的山，最后以这"寿星送客"石结束了我们的灵峰之旅。

雁荡山不愧有"海上名山"之称，"寰中绝胜"之誉。不论是白天还是晚上，奇峰异岭都令人如痴如醉。嶙峋怪石个个都是惟妙惟肖、栩栩如生，令人大开眼界！

大自然这位无所不能的造物者，鬼斧神工地雕塑出连绵起伏、一峰独秀、突兀险峻的群山，向人们展示着它无穷的魅力。

美好的回忆

姜锦涛

　　一个阳光明媚的上午，我坐在窗前看书。刚翻开书，一张旧照片飘落下来，我俯身拾起，原来是当年我和姜若楠的合影，看着这张照片，我陷入了深深的回忆。

　　那天，我们在操场上打乒乓球，以五局三胜定输赢。比赛开始了，姜若楠先发球，只见他拿着球在球拍上不停地拍，眼睛时不时地还瞟我一眼，我全神贯注地等待着，可他却迟迟不发球。就在我渐渐放松警惕时，忽然，一个球迅速飞了过来，我慌忙应战，可惜已经晚了。这时我才明白，那是他的战术，目的是分散我的注意力，他好来个出其不意。先输一球，我心里很不服气。

　　第二局还是他发球，用的还是那个战术，我将计就计，表面装作毫不在意，可内心早已高度集中。他突然发球，可是想再打我个措手不及的美梦已经落空了，我稳稳地接住了这一球。我也启用我的战术——先打几个柔球，接着再进攻。两个回合的柔球后，我拐球发起进攻，把球狠狠往球台角落打，姜若楠这次也是措手不及，没接住。哈哈！以其人之道还治其人之身，成功！

接下来轮到我发球了，趁其不备我给他发了个快球，还没等他反应过来我就又胜一球。姜若楠要求换场地，换完场地后由他发球。这次他改变了战术，给我发了个高球，我只能用高球的克星——扣球来取胜。于是，我拿球拍使劲儿往下一拍，赢得了这场比赛。比赛虽然有输赢，但是我们比得很开心，玩得很快乐，为了庆祝这欢乐的时刻，我们拍下了这张照片，留作纪念。

无论过去多久，只要看到那张照片，我就会想起那开心的时刻。

总想为他唱首歌

我的良师益友

吕敏镐

俗话说："三人行，必有我师焉。"

无论学习，还是生活，他都做得近乎完美，并在学习中寻求乐趣。在学习中帮助我，在生活上关心我，他——是我的良师益友。

还记得，他那矫健的身姿，穿梭于人海之间；还记得，他那会心的笑容，绽放于各个角落；还记得，他那坚强的墨迹，张贴于每面墙壁……

学习上，他助我一臂之力。

我慢悠悠地走向他，心想：他会不会嫌我烦啊，万一他不给我讲怎么办。一路猜疑着，我终于站定在他身旁。"能不能问你一道题？"我小声道。他仰起头，一双眼睛炯炯有神，少顷，他扬起一抹微笑，拍着他身旁的凳子说："没问题，坐这儿吧。"他拿起笔，一边写解题思路，一边一张一翕着嘴唇，时不时放下笔，转头问我："能听懂吗？"我抱歉地摇着头，他愣了一下，便又挂上了一抹微笑，用手抓了抓他那头刺猬般的短发，再又单手托腮，另一只手拿笔在纸上不停地下着，似是有困惑，他皱起眉头，复而对我说："再等一下，我想到了一个更简单的方法。"随即点了点书本。他时而叹息，时而抓耳挠腮，时而一副颓败，"没错，就是这个。"他拍案而起，已是喜上眉梢。唇角上扬，露出了洁白的牙齿。然后将书本推到我面前："你看，这里应该……"两排小刷子般的睫毛盖在眼眸上，他一遍又一遍地给我讲解，直到我彻底明白。

生活上，他给予我无限鼓励。

秋风萧瑟，柳枝也开始悲伤，用片片柳叶倾诉，倾诉它的哀伤，池塘中的水，掠起波澜，那旺盛的紫藤萝也在簌簌凋零，天是灰蒙蒙的，长椅上静躺着泛黄的树叶，那般寂寥，惆怅……我独自坐在凋败的樱花树下，默默忧伤，望不到希望，仅剩一片迷茫，我躺在角落自我疗伤。这时，我听到了一阵急促的脚步声，接着带来一阵刺骨寒风，我抬眸，只见他穿着白色T恤，黑色的外套被风吹起一角，他面色凝重，看着我欲言又止，他走过来，坐在长椅的那一端，低着头，留下一抹侧影，那般沉稳，他转头对我说："听说你这次考得不好……"他顿了下，接着将身子向我挪了挪，轻声道，"不要气馁，不要放弃，只要坚定信念，我相信你能行。"他拍了拍我的肩膀，又冲我微笑了一下，我看向他，他重重地点了下头，似在肯定。而后，他陪我坐在长椅上，共尝那份悲凉。

　　他——是我的良师益友。

这样做，值得

张子馨

或许是一次选择，或许是一次坚守，或许是一次尝试……当我们回眸时，因为它表现了真我，磨炼了意志，增加了勇气，丰富了我们的人生阅历，从而让我们铭记，并为之深深回味。

暑假，我们家照例出去旅游，可这次却一改以往的风格——去张家界。

第一天，我们到了"黄龙洞"，景虽美，走起来却很费力气。一路上走了不少路，一到酒店，我便无力再做任何事。

第二天，我们开始爬山。

望着那抬头看不见顶峰的山，我不由退了一步，难以做出选择：上去吧，山太高，肯定很难爬，再说山下的风景也不错啊；不上去吧，肯定会被嘲笑。

正当我在这两股劲风中难以做出选择并认为两者皆有理时，爸爸那戏谑的声音响起："我猜你不敢上去吧，你认为山下的风景也不错，不如就找个地方坐下，等我们下来。"我慌忙否定："才不是呢！"爸爸却没有理会我："你现在一贯的风格就是，遇到难题就给自己一个不思考的理由，坐享其成，等着别人把答案告诉你。会做的题，做一百遍还是一样，不会做的题，不去尝试永远还是不会做。要勇于去攻克难题，超越自己。"

"我上去。"我只好硬着头皮地开口，并带着心里那残留的一丝不情愿上了山。

山路崎岖蜿蜒，再加上烈日当头，使昨天就已疲惫不堪的我几乎迈不动脚步了。而爸爸依然脚劲十足，甚至能在落下我太多时坐在一边悠闲地看着我的狼狈样。每次都是等我走了一段路，他才开始走，可不一会儿又把我甩出了好远。我不争气地瘫坐在路边的椅子上，心里却时刻在想着：或许，爸爸说得没错，我太容易放弃了，山上一定还有更美的风景。我顿时明白了爸爸妈妈带我来这里的用意。

山上的风景比山下美得多，各种奇峰一个接一个，让人应接不暇。

下山的路，我走得格外轻松。

只要不放弃，就一定可以看到最美的风景。如果我没有选择上来，就不可能收获这么多美丽的风景。

人生，亦是如此。

有一种伤痛叫成长，当你具备了所有战胜困难的勇气时，那么，你便是真的长大了。走向成功的路虽遥远，也许还会布满荆棘，把你扎得鲜血淋漓，但请你抬起头来，因为不远处便是盛开玫瑰的花园。

今夜，灯没亮

史海联

月依旧那么皎洁，星依旧那么闪耀，三楼的那盏灯也依旧亮着，亮着……

每次下晚自习回家，走过一段漆黑的小路过后，隐隐可以感到有微光的存在，不用抬头就知道是三楼的那盏灯。不论严寒酷暑，总是那么执着地亮着。看到灯光，我的心里立刻就暖和甜蜜起来。

回到家，妈妈照例一边帮我接过书包，一边说："回来了，有没有作业？有就快点儿做哟。"我也轻声地回一句："没有作业，在学校做完了的。妈你怎么还没睡呢？"妈妈若无其事地说："我担心你害怕，起来给你壮胆。"她一边说着，一边递给我一大杯热牛奶："趁热，赶紧喝。"

每次听到妈妈这一句句关爱的话语，我一天的烦恼和疲惫就全都消释了，任由温暖甜蜜的感觉在心底流淌。

又是同样的夜晚，又是那条漆黑的小路。我独自一人，到了楼下，远远就抬头仰望。咦，怎么家里没有亮灯呢？妈妈睡着了吗？

带着疑惑，我打开房门，屋里一片漆黑，好安静。我小心翼翼地走到妈妈房间。原来妈妈睡了，睡得那么沉。我心里有些憋屈，心想："我这么晚才回来，你也总该把灯开着呀。"

没有殷切的问候，没有热热的牛奶，我心里空荡荡的。

第二天早晨上学，我碰见邻居王奶奶。她叫住我问道："小莲，你妈妈是不是哪里不舒服？昨天站着和我们聊天差点儿晕倒，脸色白得像纸……"我恍然大悟，呆呆地立在那儿。原来昨晚……

此时，我想起以前每个亮灯的夜晚，明白了人们常说的一句话——有些东西当你失去时，才感觉到它的珍贵。就如同妈妈每晚为我开灯，为我端来一杯热牛奶。因为它是那样平凡，以致让我觉得那是理所当然。突然一次的失去，才让我猛然发现这一切原来是那么的珍贵。

今夜，灯没亮，却让我明白了母爱就在我身边，像阳光一样温暖着我，不可或缺。

今夜，灯虽然没亮，但妈妈的爱却永远为她的女儿亮着，永不熄灭。

"奇人"朱老师

王伯涛

　　朱老师是我的作文班辅导老师。她有着苗条的身材，白皙的皮肤，一双水灵灵的大眼睛，小巧的鼻子俊俏而挺直，那一头棕褐色的齐肩、齐眉长发，更是衬得朱老师愈发美丽。

　　朱老师的授课方式很特别。她经常"自曝家丑"，给大家讲自己遇到的"奇葩"事，同学们听得津津有味，同时也找到了写作素材。上课时，大家从来不用"安分守己"，可以自由讨论发言。如果不发言，朱老师反而不高兴："你们怎么不开动脑筋，积极发言呢？"

　　朱老师不但授课方式特别，而且"教训"起人来更奇特。我们班的同学尹浩每次上课都不认真听讲，还会闹出许多笑话，引得同学们哄堂大笑。可是，朱老师不但不批评他，反倒表扬他："尹浩同学真幽默呀！"还不忘提醒他："你妈妈交了那么多学费，多不容易呀！你可要珍惜哦！"尹浩冲老师觉得不好意思，吐了吐舌头坐正了。后来，很少交作业的尹浩终于交作业了！一次，朱老师还在课堂上点评了尹浩的作文："尹浩这篇文章用了许多好词。这个'耀武扬威'用得多好，生动地写出了人物的特点。尹浩进步很大，继续加油哟！"尹浩深受鼓舞，学习越来越努力。

有了这样一位老师，我们的班级也变得牛气起来。班里同学的习作经常发表在报纸杂志上，来到朱老师班学习作文的同学也越来越多。我们都特别喜欢这位"奇人"朱老师！

我给自己当家长

李诚卓

这几天，爸爸妈妈都出差了，家里就剩下我和奶奶。学校却通知星期四要开家长会。我一看日历，呀，星期四爸爸妈妈还都回不来，怎么办呢？我绞尽脑汁，突然想出来一条妙计：我可以给自己当家长呀！

老师和爸爸听说我的想法后，十分高兴地同意了。就这样，我的半日"家长"生活开始了。早上，兴奋了半夜没睡觉的我起来一看表，呀，都七点十分了！我急急忙忙起来，穿好衣服，连早餐都没来得及吃就跑向了学校。

来到学校时已经快上课了。家长们也都来了。我放下书包期盼着课快点儿上完，快点儿开家长会……

上完操后就要开家长会了，这时同学们都要去礼堂看动画片。我也不敢擅自行动，只得跟着大部队先走了。去的路上我心里十分矛盾，想回教室去参加家长会，但又有点儿怕。不知不觉，已经到了礼堂，我只好先坐下等待机会出去。

在礼堂待了几分钟，要去教室帮助老师操作电脑的刘潇阳叫上我，我们一起回到教室。我进去时很多家长都没发现我。这时，英语老师在讲话，英语老师讲完，语文老师讲。语文老师还特地说了："我们班同学都很有想法，这次李诚卓家长没来，是孩子自己给自己当家长。"大家都笑了。

我坐在教室里认真地听着老师的发言。英语老师主要讲的是班上孩子的学习成绩及作业完成情况，语文老师说的主要是班上同学的表现情况和近期举办的一系列活动。当老师讲到班上同学自行举办"皮皮鲁节"时，我很高兴，因为我就是这个活动的主要参与者之一。从老师与家长的交流中，我知道了老师对我们每一位同学的表现都十分了解，对每一位同学都十分关心。我突然对老师有了更深一层的敬意和感恩……

这次我给自己当家长的经历使我受益匪浅，不仅提高了我的自理能力，还让我"尝了鲜"。真是一举两得呀！

拾起一片清新

王博涛

星期天，我和妈妈参加了"我的环保"爱心活动，去小清河沿岸捡垃圾。

参加本次爱心环保活动的共有五十多人，年龄最小的只有两三岁，年龄最大的是位老奶奶，她都六十多岁了。领队一声令下，大家拿着垃圾袋、垃圾桶、拾物夹，迅速地走向岸边的草坪、灌木丛之间、健身活动区。大家一边谈论着，一边低头仔细地搜寻着散落的垃圾。有几个小朋友高兴地搜寻着，一发现垃圾，就像哥伦布发现了新大陆，兴奋地大叫："我又捡到了垃圾！"

我与妈妈也不甘落后，提着垃圾桶，手握拾物夹，冲进草丛中。我猫着腰，弓着背，手里握紧拾物夹，眼睛死死地盯住草地，仔细地搜寻着，生怕一点儿垃圾从我眼皮底下溜走。突然，我发现灌木丛里有一个已经有些腐烂了的橘子，我手拿拾物夹，对准目标，"咔"的一声，将它牢牢地夹住，放入了垃圾桶。

十分钟过去了，半个小时过去了，一个小时过去了……我和妈妈把垃圾桶装得满满的。我累得腰酸背痛，腰都快直不起来了。大家一个个"满载而归"，虽然累得满头大汗，但每个人的脸上都洋溢着微笑。望着干净整洁的小清河两岸，我心里觉得分外舒畅。绿油油的小草随风快乐地舞蹈，草地上的蔷薇花也露出了美丽的笑脸，路旁的柳树也向我们挥手。它们好似在说："感谢你们，让我居住的环境变得如此清新！"

地球是我们的家园，让我们从我做起，从身边的小事做起，一起保护我们的家园，让我们的家园变得更美丽！

梦 想 之 声

钟　敏

　　楼下那条马路，表面掉了好些沥青碎块，常有小孩子经过时被绊倒。每逢下雨，则又是一番别样惨状：车辆的轮胎甚至车身、行人的鞋子甚至裤腿，满是泥浆。

　　而每天上学、放学，我得在这条路上走好几遍。我受够了那些硌脚的鹅卵石，洗够了那些肮脏的泥渍，我干脆多花几分钟，绕道而行。

　　可我是避开了，却还是有那么多无奈的人。于是每天各种各样的抱怨声依旧不绝于耳：

　　"连自行车都只能推着过去，真是！"

　　"过年还下雨，串个门都搞得跟个泥人似的！"

　　"什么烂路！"

　　久而久之，我对这些话习以为常。

　　可不知从什么时候开始，这些抱怨渐渐在我的耳边消失了。随之而来的是各种车辆、机器的轰鸣声。

明明应当使人有些心烦，却听得我心花怒放——这正是修路的声音啊！一想到自己不用再绕路，每天可以舒舒服服地走正道回家，可以不用听别人的抱怨，自家门前即将多一道清洁光环，心头怎么能不激动呢？

果不其然，不出个把月，便有两条一新一旧的光滑"沥青地毯"铺在了凹凸不平的马路上。车和行人都从那旧"地毯"上踏过，全都透着自在与喜悦。我和他们走在一起，可以别过头看看不远处的小河，然后大步流星向前迈。

再过了几天，它们汇聚成了一条灰色的"大地毯"，一端连着河岸码头，一端通向小镇街市。

路变好了、扩宽了，走哪儿都是对的。即使雨后初晴，也不必像以前那般小心翼翼地避开脚底水坑；哪怕有车辆从身旁经过，也不用吓得避之不及，生怕自己溅上泥水。

清晨，农民们肩上挑着一担菜，从码头悠悠地、一晃一晃地走过来。到了夏天，有的人甚至就这么光着脚在这路上行走：因为这平整的大路硌不着他们呀！放学后，便有许多小孩成群结队地坐在滑板上，沿着这大路顺势向下滑去，欢乐的呐喊和笑声便在顷刻间爆发开来。幸福洋溢在这些孩子的脸庞上，洋溢在每个人的心头。

愿这梦想之声，越来越响，直到响彻整个神州大地吧！

我的亲密"朋友"

高泽绪

　　"海内存知己，天涯若比邻。"因为朋友，我们感受到成长的快乐；因为朋友，我们才有了青春的疯狂；因为朋友，我们才有了心的绽放。

　　在我看来，朋友的范畴不仅限于人与人之间，身边的动物和随身的物品，都可以和自己成为形影不离的好朋友，而我的黑框眼镜就是我随身物品中的最好伙伴。

　　从五年级开始，近视像个绳套牢牢地套紧了我，因此我的塌鼻梁上架上了一副沉甸甸的眼镜，我对它是又爱又恨。

　　想到以前，我刚有这副眼镜的时候，很喜欢带着它装出有学问的样子，经常问大人："我戴着眼镜好看吗？"但过了一段时间之后，我却不由得对它有点儿厌烦了：当热腾腾的饭盛出来的时候，刚凑上去，一下子镜片上全是水蒸气，除了浓浓的烟雾根本看不到东西，更别说怎样吃饭了。下雨的时候雨点总是会找到我的眼镜，然后如愿以偿地落在眼镜上，尽管擦掉水珠，还是会有源源不断的水滴落在镜片上。像这样类似的事情还有很多，诸如，手指的指纹不小心摁在镜片上，视野会模糊；打扫卫生时，灰尘会落在镜片上；而最令我头疼的是镜片的清洗，如果擦不好看东西就会不舒服……所以那时我越发不想戴眼镜，可因为自己的近视所以不得不带着它。

时间一久，随着对它依赖的加深，对它的讨厌之情渐少，我和我的眼镜又重归于好，并成为了我最需要的伴侣。

一路走来，蓦然回首才发现，自己成长的每一个角落都有眼镜的足迹。感谢眼镜，是它，一路伴我走过风和雨，伴我快乐地成长着！

总想为他唱首歌

《《《

我给交警叔叔送瓶水

居俊瑶

今天我特别开心，在学校的跳蚤市场活动中，我没多久就将自己的东西卖掉了。我带着满足感回家喽！

太阳渐渐下山了，路上下班的人也开始多了起来。一声声哨声涌入我的耳朵。哦，原来是交警叔叔在工作！你看那位大个子交警叔叔——他正站在马路中央，认真地打着手势指挥着交通。红灯亮起，他可没松懈，又换了个方向继续指挥。繁忙的马路在他的指挥下井然有序。虽然隔得有点儿远，但我分明看到他脸颊上淌满了晶莹的汗珠，好辛苦呀！他成了我眼中一道美丽的风景。

我心中一动，打算用自己挣的钱买水送给交警叔叔。我把想法告诉爸爸妈妈，他们大力支持。他们让我别去打扰站在马路中央的正在工作的交警叔叔，说岗亭里也有换班的交警叔叔，我可以把水送到那里去。

我迫不及待地跑到超市，用自己挣的钱买了几瓶水。我面带微笑，拎着水走进岗亭。三位交警叔叔正坐在那里，一脸疲惫，脸上还挂着汗珠。我双手将水递给他们，满含敬意地说："交警叔叔，你们辛苦了！我买了几瓶水，想表达我的小小心意！"交警叔叔们惊讶的同时，立即整理好自己的衣帽站起来。我每递给一位叔叔，他都双手接过并说谢谢。

　　我又拿出一瓶水，对一位皮肤黝黑的叔叔说："这瓶水我想送给正在外面工作的那位叔叔，想请您转交一下！"那位交警叔叔看着我，就像一位慈祥的父亲看着自己心爱的女儿。接着，他微微俯下身，用他大大的手掌拍了拍我的肩，边接过水边对我说："谢谢你，懂事的小朋友。希望你好好学习、健康成长！"顿时，一股暖意在我的心里如涟漪般荡漾开去。

　　因为有你们，我们的城市更加和谐、美丽，谢谢你们，敬爱的交警叔叔！

接 近 阳 光

王 琦

　　有时候，在人生的路口，我们会因风雨而迷失方向。但是，别哭，别怕。天再高，风雨再大，踮起脚尖，就能更接近阳光。

——题记

　　雨漫天而来，无情地抽打着大自然的一草一木，窗台上的那盆君子兰却依旧青翠。

　　也许是"沾衣欲湿杏花雨"，却绝不是"吹面不寒杨柳风"。直刮得人的脸生疼生疼的。我的君子兰在风中摇摆，美丽得像个仙女。我呢？我是谁？一个人生的失败者，还是迷茫者？

　　曾几何时，在成绩的沼泽地中，我挣扎，拼命地挣扎。但时光消磨后，我却越陷越深。我沉沦了。

我无奈！我不愿！我想大声呐喊！

在冷雨中，我无比清醒，我似乎看到了以后的自己，一事无成，前途暗淡。

倚在窗台边，陪伴我的只有君子兰了。它的叶子翠绿却不显得妖艳，垂挂下来。像一把小伞，却遮不住风雨。

遮不住风雨又怎样？为什么要遮住风雨？没有风雨何来阳光？

水珠从夜间悄然滑落，在水洼中激起层层涟漪。然而看着在风雨中摇摆的君子兰，我似乎豁然开朗。

是啊，未来是未知数，没有人知道自己的未来是怎样的。但我们可以将命运握在自己的手中，尽全力去改变它。让它因充满辛勤的汗水而美丽。没有人会无故享有不劳而获的人生。

都说，不经一番寒彻骨，怎得梅花扑鼻香。

不一会儿，一缕阳光从厚厚的云层中射出来，吸引着我走出了家门。雨后的空气格外清新，洗去了一身尘埃的树叶绿得发亮，小小的野花也努力地站直，享受阳光的照耀。这一刻，我才真正知道：阳光总在风雨后。这一刻，我告诉自己，我会离阳光更近。

微风吹拂，可以感受到每一个细胞的活跃。亲爱的朋友，请记住：天再高，风雨再大，踮起脚尖，我们就能更接近阳光。

总想为他唱首歌

欧燕婷

> 风雨过后，天空留下一弯色彩斑斓的弧，那
> 是他在我心中永远抹不去的虹。
>
> ——题记

从大渡河上过吊桥，走羊肠小道至岩脚，再爬五架木制的云梯可以到达一个偏僻的村庄。那里的一切都与外界失去联系，唯有一处是充满希望与光芒，那就是二坪村中的小学。

二坪村是凉山北部峡谷中的彝寨，全村的老老小小都要攀爬五架云梯进出，出行极其不便。一个偶然的机会，李桂林夫妇了解到了这个普通的村庄。面对着孩子不能上学的无奈与苦恼，他和爱人陆建芳担起了二坪村的教育工作。从此，二坪村就成了他们的家，而学生们更是他们希望的幼苗、精神的支柱。

经过全村人的努力，学校已勉强地建立起来。八十个孩子被分到两个班级，其中有十七个外村来的孩子，为此，他们每天要奔波往返于家与学校之间。由于孩子都还幼小，他们必须得亲自把他们送过五架云梯，每周一又准时在田坪接送他们。所有的孩子分为两部分，一边是由妻子看着一些大孩子慢慢地抓着藤条爬，直到安全到达学校；而另一边由李桂林一个个背着学生到达学校。五道梯子长度大约四十米左右，背一个孩子就得重复几次。如此推算，李老师要攀爬四百米，相当于百层楼的高度。在1996年夏季的一天，山洪暴发，李老师正在接送学生。忽然，一股急流向他们扑面涌来，处于山沟的李老师毫不犹豫将学生甩出山沟，而自己却被急流冲走了。可能是李老师的行为感动了上苍，他的身体被悬挂在树桩上，得以脱险。

在李老师十八年的坚守下，这个偏僻的"二坪村小"从未出现过学生的伤亡事件，成为远近闻名的"模范村小"。而以前房屋摧残的教室如今已改造成了窗明几净的砖瓦房，学生的入学率、巩固率、升学率均在全县同类学校前茅。

同学们，让我们将心灵中最美的歌声献给这位伟大而又平凡的李老师吧！同时也将心灵中最纯洁的歌声献给我们身边的每一位无私奉献的老师吧！

老师是照亮学生、燃烧自己的蜡烛，是我们攀登人生阶梯的引导者，扶持者。老师，不愧是"人类灵魂工程师"的称谓。

撞墙拆墙的犟妞

刘伟男

　　她有一双水汪汪的大眼睛，高挺的鼻梁，粉嫩的樱桃小嘴，一个活脱脱的"萌妹子"形象！"软萌"的外表常常使人误以为她弱不禁风，她却是我们班最招惹不得的"风云人物"——孙家璇，人送外号"犟妞"，是我的闺密。班上不管是捣蛋王还是调皮鬼，都不敢招惹她，主要原因就是孙家璇那不得了的犟脾气。

　　跟我一起来领略一下犟妞的犟吧！

　　有一次，数学老师让我们自由讨论一个问题，我和犟妞加上另外两个同学组成了一组。很快，答案出来了，除了犟妞以外，我们三个的观点一致。只见她脸红脖子粗地，掐着腰，拍着桌子，大声地说出了她的观点，我们一致反对，可她"一意孤行"，不停证明自己的答案是对的。

虽然是闺密，平常我都让着她，但这次不同，答案是要当着全班同学的面进行汇报的，错了多丢人啊。所以，我们俩就你一言，我一语地争论起来。只见她"呼"地从书包里抽出验算本来，"稀里哗啦"使劲儿翻找她的运算过程，好像要把本子撕碎似的。找到后，她像要把本子贴到我脸上似的，让我看她的运算过程。直到老师喊"停止讨论"，我们也没争论出个所以然来。到了汇报成果时，由于我们组意见不统一，惹得很多同学都笑出声来，以至于老师不得不出面调解，并证实我的答案是正确的。但她依然不太相信，又把本子翻出来给老师看。老师被她"折磨"得一点儿办法也没有，摇着头走开了。

下课后，犟妞依然埋头苦算，算到最后就不吱声了。我见状，故意凑上去搭话："怎么，算出对的来了？"她装作没听见似的。"你啊你，撞了南墙也不回头，还要拆了墙继续走啊？认个错怎么了，又不会少你块肉。"过了好一会儿，她才抬起头，"嘿嘿"笑了一下，我们刚刚的争执就被一笑带过了。

还有一次，我们班改选班干，李元洲说我是因为孙家璇才做了课代表，孙家璇是因为我才做了纪律委员。这话传到孙家璇这个犟妞的耳朵里，这就不算完了，她不由分说，扑上去就大吼了李元洲一通，澄清我不是因为她才攀上了今天的高度，她也不是因为我才当了纪律委员的。李元洲吓得直抹冷汗，好多同学都围了上来，我在一旁不住拽她的衣角："算了吧，他们丢人不要紧，我们可是班干部啊。"她却犟劲儿又上来了："我们容忍他们的次数够多了，这次一定不能饶了他！"接着，她再度向李元洲发起猛攻，李元洲哑口无言，甚至有"分分钟切腹自尽"的想法。看着李元洲"落荒而逃"的背影，我与犟妞都不由得心情大好，哼起了小曲儿。

这就是我的闺密——一个撞墙拆墙的犟妞。

家 乡 的 茶

罗婉瑶

很多同学的家乡都有自己的特产，比如瓷器、蜜柚、茶油等。而我老家的特产就是——端毛尖茶。

所谓端毛尖茶，就是从茶树上采摘下刚长出的翠绿翠绿的小尖尖，然后经过严格加工，炒制而成。有一次，我和可以不吃饭、不吃零食、但不能一日无茶的爸爸坐下来，准备泡茶。当开水冲入茶叶时，整个房间都香飘四溢。嘴馋的我正想伸手端起来喝，眼疾手快的爸爸连忙阻止了我："茶，第一次冲出来的，虽然香，但是却很脏。你想想，茶叶长时间晒在太阳底下，怎么说也会沾上灰尘吧？所以，第一次泡的茶，最好不要喝，就当是给茶叶和茶具洗个澡吧，我们可不想喝洗澡水呢！第二次泡的茶虽然没有第一次香，但是干净很多。"

爸爸真是一位会喝茶，又懂品茶的人，讲的话又这么有道理。只见他轻轻地端起茶壶，神态从容地匀了匀，又摇了摇，然后，徐徐地将头道茶淋在茶杯上，接着，打开茶壶盖，冲入滚烫的开水，茶叶立刻在壶中欢快地翻滚着、歌唱着、舞蹈着。爸爸倒了两杯茶，慈祥地望着我，伸出右手，冲着茶杯，非常绅士地做了个"请"的姿势。我双手轻轻地端起茶杯，打开杯盖，一股雾气扑面而来，淡淡的茶香沁人心脾。我情不自禁地闭上眼睛，长长地做了个深呼吸，然后鼓起腮帮子，对着杯子吹了口气，杯面的茶水立刻荡开了一片涟漪。我小小地抿了一口，啊，真香啊！我仿佛进入了茶的世界，五彩缤纷，到处都是奇形怪状的青草和树木，有许多的茶叶在跳舞，大家都很开心。我闭上眼睛，给自己插上想象的翅膀。我仿佛又进入了一片竹林，拨开竹子，便见一位长衣男子站在一座小桥上，静静地吹着笛子，悠扬的笛声在竹林中飘荡，飞入我的耳朵，穿入我的心灵。

在爸爸的影响下，我也喜欢茶。或许因为茶香，或许因为味美，也或许因为茶能在我不开心时让我宁心静气。但有一点是肯定的，因为茶是我家乡的特产，我与它总有一段解不开的情缘。

尽量让自己快乐

贾 青

笑得多了，就会变得连哭泣都像在微笑。

——题记

每一天，我都在重复着昨天的生活，枯燥且千篇一律。每一天，都在脸上挂着和煦的微笑，面对着不同的人说着不同的话；每一次，都带着微笑与他们打招呼、握手、拥抱、倾听，转过身以后却不知道自己在笑什么。

朋友说，我是个爱笑的人。在倾听别人诉说时，我带着笑；在与同学侃侃而谈时，我带着笑；就连在发呆时，脸上的表情依旧是笑。听后我沉思，记忆中的自己确实爱笑，几乎每时每刻都挂着一张微笑的脸。可是，我是真的快乐吗？我反问自己，然后发现，现在能让我感到由衷快乐的事情太少了。而微笑，仅是我表达礼貌的一种方式。

想起从前的自己，年少轻狂，骄纵狂傲，以为没有自己过不去的坎儿，总是侃侃而谈自己的理想。然而现实总是残酷，梦想与现实总是相差太多。随着时光的流逝，曾经的棱角被渐渐打磨得圆润。我曾经张扬的样子，我身上那些曾经尖锐的棱角，再也不会出现了。

现在想来，也许只有儿时的自己才是真正的快乐。那时自己的笑容纯真明媚，人与人之间仿佛没有距离，不似现在的人们，脸上带笑，心里却像有一堵墙，没人进得去。

其实我们都还是孩子，为什么要伪装得那么坚强？苦了自己，累了自己，伤了自己。何不给自己一个机会，以真实的面貌去面对这个世界，面对周围的人。尽量让自己变得快乐，重回本真。

累了就停下脚步

倪和木

在我的世界里，没有悠闲，只有忙碌。

——题记

看着面前如山的习题与试卷，我从最初的不满，到现在的麻木不仁。

漠然地从中抽出一本，毫无意识地在手中舞动。

今天有些奇怪，意识不自觉地脱离课本到了那遥远的天际之外。

天上会有多少星星？银河系有多大？地球在宇宙又是怎样的？……一个个的疑问冒出，却又得不到丝毫回应。

我叹了口气，将精神又集中在了面前的习题上。

却没有意识到，之前精神上的疲惫一下子消去了不少。

"和木，陪我去玩会儿吧！"好友拉着我的手臂撒娇地说。

"我的作业还没有写完，要不你来帮我写？"我挑了挑眉，冷声说道。

好友看着与之前已经减少了十分之九，但还是如小山般的试卷，双脚不自觉地颤抖着往后退。

"那和木，你继续写你的作业吧！我先去玩了！"好友一下子跑出教室，声音随风传到了我的耳中。我无奈地摇了摇头，手指飞舞着。

"对了，和木，记得，累了就停下脚步。那我先走了。"好友跑回了教室，说了这句莫名其妙的话就走了。

今天不知为何，明明作业还是和以前的每一天一样多，我却早已写完了。

我看了看试卷，将它们整理好，放在了一个文件夹中。

马上收拾好了书包，手表的指针指向了四点三十。怎么办？爸妈一般都是五点才下班。

突然间，我背着书包，迷茫地看向四周。对了，好友不是说停下脚步嘛，那今天正好有时间就听一次她的话好了。

慢慢地，走在回家的路上，我新奇地朝四周看了看。

这条熟悉的道路，慢下脚步来却截然不同。身旁的一切就像是一个全新的世界，吸引着我的视线。

为什么会这样？我不明所以地回了家。

次日下午，好友照样问我"要不要休息一下？"半天没有得到回应，失落地迈出教室。

夕阳下的学校，回荡着一句"等我一下"，随后又寂静了下来。

在之后的日子里，我一旦累了，就会想起好友的那句："累了，就停下脚步。"

总想为他唱首歌

《《《

147

初识"闯祸鬼"

武阳硕

"当啷!"我的屁股刚贴到椅子上,这吓人的响亮的碰撞声便突然传出,着实把我吓了一跳。转过身来,我看见一名少年正不知所措地站在一堆被胡乱翻倒的桌椅里。呵!这家伙又犯错闯祸了!

我想有些读者不太理解我说"他又闯祸了"。是的,我认识这名少年。第一次遇见他是在暑假期间,在一辆公交车上。他刚上车,只听"哎呀"一声尖叫,一名妇女被他挤倒了,摔在地上。我与他身边一名同学一起上前扶起那名妇女。不料,不一会儿就轮到我遭殃了。他站不稳,把我带倒了,还压在我身上!内伤可不轻啊。这次桌椅的倒塌,不用问,一定又是他的"杰作"。

我帮他扶起桌椅,他无奈地笑了笑:"嗨!我们又见面了。"我一边"嗯"了一声,一边观察着他座位上的牌子：陈健升。他又想开口，却又碰倒了旁边椅子。真是祸不单行！我告诉他："健升，以后走路悠着点儿啊！可不要整天闯祸了。"他刚答道："没问题！"右脚又不知踩到什么东西，"哧溜"一下向前扑倒。我又成了"躺枪者"，他向后飞起的脚"正中靶心"，踢在我的下巴上，火辣辣地疼啊！我刚刚对他说什么来着？真是个粗心大意的家伙。

好不容易爬起来了，他却笑嘻嘻地看着我，说："看你多倒霉！以后别站在摔倒的人后面啦！"这叫什么话呀！真是个没心没肺的家伙！我还了一句："走路看路，臭小子！"看来，我俩以后估计不会好好对待对方了。无论如何，他给我的印象不咋地，希望他以后老实点儿吧！

幸福的颜色

辛 迪

> 假如和平是有颜色的，那么就该是绿色，因
> 为橄榄树枝给我们带来安宁；假如战争是有颜色
> 的，那么就该是红色，因为汩汩鲜血意味着生命
> 牺牲；假如幸福是有颜色的，那该是什么呢？
>
> ——题记

梦里，听到父亲唤着我的名字。我开灯，房间明亮起来，米黄的灯光洒满了父亲的脸庞。原来是父亲梦到我考上了孝义二中，他开心地抱起我，在地上转了两圈。可我在班里不是数一数二的学生，上次月考又失利，我无法实现父亲的梦啊！我黯然了，不禁流泪。后半夜，难眠的我清晰地听到父亲和母亲谈话，那个梦是父亲编的，只希望我重整旗鼓，再去拼搏。我又流泪了，但这次是甜的。

我仿佛又看到那米黄色的灯光下，父亲炯炯有神的目光直穿我的心房。哦，梦里，父亲的希望是幸福，米黄色的幸福。

月下，我孤独散步，突然有人叫我。回头，一个十六七岁的大哥哥气喘吁吁地递给我一个钱包。那么熟悉，那么亲近，我接过钱包，上面还带着我的体温。他身上的绿色T恤在路灯下熠熠生辉，原来他已追了我好久。钱包里多了一张纸条，打开一看：小心一点儿珍惜自己的一切，别再丢了。看着男孩儿脸上纯真甜美的笑容，我感觉真的好温暖。哦，月下，他人的帮助是幸福，绿色的幸福。

蓦然回首我更发现：当妈妈为我熬夜忙碌时，幸福是那件漂亮合身的毛衣，是粉红色的；当同学为我悄悄擦车时，幸福是那辆焕然一新的自行车，是浅蓝色的；当老师为我耐心讲解时，幸福是那片温暖柔和的灯光，是橘红色的。

幸福的颜色五彩缤纷，我在幸福中快乐成长。

探访熊猫谷

张克宣

憨萌可爱的大熊猫一直深受人们喜爱，我这个"动物迷"也不例外。这次有机会到熊猫谷，可以亲自领略大熊猫憨态可掬的风采，我怎能不激动呢？

幽静的小竹林里，一只胖乎乎的熊猫正在呼呼大睡。呀，它的名字居然叫"娇子"。娇子躺在竹架上，整个身子舒展开来，露出白白的肚皮，嘴巴微微张开，不知在梦里吃了什么好东西。忽然，娇子翻了个身，趴在竹架上，肉嘟嘟的脸正好对着我们，引来大家的赞叹："真可爱！""太萌了！""小家伙太可爱了，真想上去捏一捏它毛茸茸的黑耳朵！"……

熊猫谷里的熊猫每天都能享受到新鲜美味的竹子，这不，我正赶上"唐朝美女"熊猫囡囡吃午餐。它周围摆满了翠绿的竹子，每一根都是经过饲养员精挑细选的，干干净净，还带着水珠。囡囡坐在地上，抓起一根竹子就啃。它先把竹子咬成两截，然后把外面的皮咬掉，再用前掌握住竹子的"精华"，像我们啃鸡腿一样津津有味地啃了起来。不一会儿，一截竹子便进了它的肚子。可这小家伙还不满足，竟然又抓起一根竹子吃了起来，全然不顾素有"无敌小金刚"美称的熊猫星一还没有吃午餐。幸好，星一还在睡觉，不然，一场战争在所难免啊！

熊猫谷里最奇特的熊猫是谁？是"睡神"娇子？是"吃货"囡囡？不，是它——"功夫熊猫"和盛。它活泼好动，浑身仿佛有用不完的劲儿。我看见它时，它正在小土坡上打滚儿。它扭动着胖乎乎的身体，快速爬上小土坡，身子一屈，骨碌碌滚了下去。它敏捷地翻身起来，又爬上土坡，再滚下去，乐此不疲。我们都被它逗得乐不可支。它呢，又换了新玩法——爬起来，抖抖屁股上的尘土，敏捷地爬上了一棵大树。嘿，还真是身轻如燕呀！

离开熊猫谷，那些萌萌的熊猫还时时浮现在我眼前。如果你来都江堰游玩，一定不要错过熊猫谷，不要错过这些小可爱带给你的快乐哟。

侏罗纪历险

缪旭杰

"嗖——"转眼间,我来到了远古时代的侏罗纪时期。

刚向前走了一步,我就陷入了沼泽池中,我拼命地挣扎,想从沼泽地里逃出来。可是我越挣扎,身体就陷得越深。几秒钟过后,我就立在沼泽地里动不了,我的内心十分焦急。我想,不会吧,我刚来到这里就要死在这里吗?我还没有参观这个原始的时代,还没有看到恐龙呢?

正当我为此而抱怨时,我看到附近的草丛动了起来。我以为是恐龙来到了这儿,内心忐忑不安,因为我害怕恐龙会把我吃了。看着草丛晃动的幅度越来越大,我的心脏就像一只看到野狼的小兔子,不停地乱跳。

一分钟过后,我见那个东西越来越接近我,我只好转过头去听天由命。

"咦，小朋友，你怎么会在这里？"

当我听到这句话时，我不禁十分诧异，为什么在这时代会有人出没？当我转过头时，看到一群人站在草丛旁边。

我疑惑问他们："你们是什么人，怎么会在这里？"

他们听到我的问题后，不禁大笑起来，然后说："我们是来自于未来的恐龙专家，因为在未来，我们发现恐龙化石越来越少了，我们请一些科学家造了一架时空飞船，我们是乘时空飞船来的。"

他们利用草丛里的一些藤蔓把我拉到了地上，我内心的大石头这才落了下来。于是，我跟他们一起探险。

在路上，我们看到不同种类的恐龙。这些专家一一给我讲了他们的名字和一些特征。当看到空中的翼龙时，我情不自禁地张大了嘴巴，因为这翼龙比飞机还要大。在它们飞行时，不时地叫唤，这叫声仿佛是在对自己的同伴炫耀说："没有谁飞得比我高，飞得比我快。"可当我看到霸王龙，又有另一种感觉，我慢慢接近它，才走了五步，那霸王龙好像觉察到了我，大吼了一声，我的耳朵仿佛要震聋了。我只好悄悄离开它，因为我十分害怕。

一连四五天，我都和恐龙专家在一起。在这段时间里，我只玩了一点儿地方，可是我依然很开心。最后我也和他们一起乘时空飞船回到未来。可就在路上，我们又遇到了时光倒流——

丁零零，我的小闹钟开始敲锣打鼓地催我起床，原来这只是一场梦啊！

那次测验，我赢了自己

徐佳飞

每次说到"测验"一词，那次测验的情景便会浮现在我脑中，时时敲击我的心灵，刻刻提醒我要做一个踏实、诚实的人。

那是发生在五年级的一件事，有一次要进行第四单元数学检测，妈妈提醒我做好复习作业，我信心满满地说："数学那么简单，随便做做好了。"妈妈无奈地摇摇头说："你呀，学知识这么不踏实，迟早要吃苦头的。"我对妈妈的话嗤之以鼻。

第二天，看着同学们测试前拿着书本做最后的"攻坚"工作，我心里暗想：这时候努力，也是死马当活马医了。

测试卷发下来了，看到第一道题，我立马傻眼了，这是一道考概念的题目，我没复习巩固，当然做不出了。我镇定了情绪，想着：两个空格才扣2分，没关系。于是，我聚精会神地继续往下做。最后一道培优题目又把我难住了，如果第一个问题我做出来了，那后面的两个问题也就迎刃而解了。可是我绞尽脑汁也想不出来。我开始后悔我的过度自信了，再看看其他人，好像有不少人也被这道题目难住了，有的咬着笔杆子，皱着眉头；有的耷拉着脑袋；有的牢牢地盯着试卷……没过多久，不少人的脸上浮现出了笑容，正奋笔疾书，看来，他们都想出来了，可我还一点儿头绪也没有。再看看墙上的钟面，只剩十分钟了。这时，我看到我的同桌金杰成正飞速地计算着最后一题，他一定做出来了。一个念头在我脑中闪现："我只要看一下他的答案，不就可以得优秀了吗？"但另一个声音不断在我耳边盘旋："这样是你要的成绩吗？"是呀，这种偷来的成绩是自己的吗？不是，我不能这么做，我再次埋头读题……下课铃声响了，我毅然把测试卷交给了老师。

那次测试是我所有测试中最差的一次，但那次测试我赢了我自己，它时时提醒着我，学知识来不得半点儿马虎，也告诉我，要老老实实做人。

被电话分享的爸爸

倪晶莹

    我爸是个做鞋子的，但他可不是一般的小工人，他是厂里的"大boss"。

    爸爸最常做的事除了做鞋子，就是打电话，打电话已经成为他生活中必不可少的一部分，就像我们天天要吃三餐一样。下面，就让我带你们看看他是怎么打电话的吧——

    我打开老妈的房门，贼头贼脑地钻了进去。瞧，"电话狂"正在床上"打坐"呢。预备——开始！

    "丁零零……""喂，你好你好，沈阳的呀……"瞧，又被我说中了吧？

    每天，只要一回到家，爸爸就会像小和尚一样，盘腿坐在床上。几秒钟的安静之后，电话就来了。他打电话的内容大同小异，我几乎都能背下来了："您好，哦——您是要819-2的鞋子X双啊……"我觉得，爸爸每天的生活就像电视剧一样，不断地回放着，回放着，回放着……除了在家里，在亲戚聚餐时、乘车时……任何场合爸爸都会打电话。他时间最长的通话记录是一个多小时！我对爸爸说："老爸，你这么能打电话，都可以去申请吉尼斯世界打电话纪录了！我保证，你可以成为打电话最高纪录的永久保持者，因为没有人可以像你这样，打这么长时间的电话！"

我真的不敢想象妈妈是怎么挺过来的，她天天听老爸打电话，耳朵不会长茧子吗？我觉得，妈妈肯定去医院看过耳朵，不然她怎么可能坚持二十多年？我只听了十年就已经处在崩溃的边缘了！我想，妈妈可能已经麻木了吧……

我觉得，我们家其实有"一家四口"，电话也和我们分享着爸爸。我希望自己长大后不会像爸爸一样，因为，总接电话真的好累呀！

谢谢你，小蜗牛

曾永嘉

朋友说我是一个忧郁的孩子，喜欢一个人看天，或是一言不发地躺在如茵的草地上，双眼装满了淡蓝色的忧伤。

其实我的忧伤不仅在看天的时候，写作业时的我才是真正的无助，弯曲的坐姿是一种完美的防御。用那早已僵化的思维和因握笔已有些凹陷的中指面对一大堆复杂的符号，我几乎要崩溃。其实平时我的笑容仅是一种掩饰。很多次，半夜睡醒，一脸迷茫，我为自己的卑微而悲伤。

在竞争激烈、压力不小的高中时期，我就如此卑微地度着日子，就像在宇宙的边缘游离，直到那个美丽的黄昏。

拉开窗帘，一抹斜晖柔和地探了进来，抚慰着我疲惫不堪的心。我正打算提笔写作业，忽然看到窗台上有一只浅褐色的小蜗牛，它在阳光下轻轻抖动着触角，身体不紧不慢地蠕动着。它看起来如此弱小，连卑微的我都有点儿鄙视它。夕阳正慢吞吞地往下沉，蜗牛也继续缓缓地爬着，竟然爬上了窗框，背着它那沉重的壳，艰难地前进着。窗框有些滑，它爬着爬着，突然重重落下，然后，它又从窗台上继续爬，继续落……

我无心久看这种不自量力的可笑行为，漫不经心地提起笔开始了我那艰难的解题征程。忽然，一个不是很规则的字母"V"的影子投射到我的作业本上。我的心猛然一震，眼前的那幕让我很是惊异。那只蜗牛在窗顶上骄傲地舞着它的触角，夕阳的光辉放大了它的自豪。字母"V"代表着胜利，此时的它就像是个战胜的将军，纵使伤痕累累却威风凛凛。突然，我眼角似乎有点湿，心中的血液因感动而沸腾，我好像明白了什么……

我张开手掌，把小蜗牛小心翼翼地捧着。阳光射在它的触角上，触角的影子投到我胸前，细细一看，有点像一颗小小的心。顿时，我面带微笑，对着闪着金光的蜗牛轻轻道谢："你帮忙赶走了我久积的忧伤，谢谢你，了不起的小蜗牛！"恋恋不舍地放走它后，我挺起胸膛端坐着，认真地写起了作业。

那一瞬间，我已悄然蜕变，久积的忧伤即将随风远去，新的梦想像金光一样闪烁着。我知道，虽然前方有难走的路，但美好的梦想将陪伴我勇往直前！

我与蓝天有约

靳霜心

"今年春节我们家不燃放烟花爆竹了。"

"为啥？"

"因为，我与蓝天有约！"

"蓝天是谁？"

……

今天，像这样的对话我与小区的小朋友重复了五次，与爸爸、妈妈同事的小孩重复了三次。与亲戚家的哥哥、姐姐、弟弟、妹妹重复了五次，与要好的同学重复了四次！

之所以有上面的对话，还得从我写日记时发生的一段小插曲说起。12月18日晚上，我刚提笔写下日记中的天气情况，就听见妈妈的敲门声。当妈妈把牛奶递给我时，看到了我摊开的日记本上"天气：阴暗"几个字。妈妈笑了："你怎么会想到用"阴暗"这个词呢？"我说："今天黑乎乎的就很阴很暗啊。"妈妈告诉我，准确地说应该叫"霾"，并让我看她手机上的天气预报。

"不查不知道，一查吓一跳。"我上网查了有关"霾"的知识，才知道霾是一种对人体有害的天气，不仅会引发各种疾病，长期吸入，严重的还会导致死亡。PM2.5就是用来检测霾中的颗粒物，当PM2.5数值均达每立方米三百微克以上，空气就属于严重污染。人们就像生活在"毒"气当中，白天也要经受"夜"的黑，会给人们身体健康和安全出行带来很大影响。霾形成的原因，除了工业废气、生产运输中的扬尘、汽车尾气外，还有一个罪魁祸首就是节日里过量燃放烟花爆竹。

"妈妈，我讨厌霾，天天都是蓝天多好呀！"忽然间，我觉得霾就像神话故事里从魔瓶冒出来的黑烟，当它铺天盖地越来越暗时，随时都可能变成很多面目狰狞的魔鬼，跑出来危害人类。而且"霾魔"最喜欢伤害的对象，就是身体抵抗力低的青少年和体弱多病的爷爷奶奶们。

"那你就要从自己做起，力所能及地为保护环境做点贡献，比如……"

"比如我可以与蓝天相约，今年春节不燃放烟花爆竹！"妈妈的话还没说完，我突然来了灵感。

"真是好样的。可是，你一个人的力量是不是太小了？"

　　"那我可以带上邻居家的妞妞，再请我要好的朋友、同学，大家一起来保护环境。"我想，保护环境受益最大的就是我们青少年了，这样的好事，大家一定支持。

　　说干就干，在妈妈的支持下我拿起电话，先给我的好朋友佳佳谈了我的想法。她非常支持，还帮我联系了和她要好的几个同学。小区的小朋友，还有亲戚家的哥哥姐姐、弟弟妹妹我都一一跟他们谈了我的主张。当爸爸、妈妈的同事来做客时，我也不失时机地劝说他们为了保护环境，不要再燃放烟花爆竹了。

　　当我劝说同学们不要燃放烟花爆竹时，有的同学说"爆竹声中一岁除"是年俗，不让燃放烟花爆竹的春节还有什么年味儿呢？我却不那样认为，为了拥有美好的蓝天，让大家身体健康，我们应该取消一些不好的年俗，将好的年俗发扬光大。去年春节，爸爸就鼓励我写春联、剪窗花，不光我们家的春联出自我的手中，外婆家的春联也是我写的，来我家的亲戚朋友都夸我，自己编写的对联内容更贴切，更喜庆，比买现成的强多了。

　　更使我高兴的是，由于今年多发雾霾天气，全社会都已经关注到了这个问题。关心环保就是关心我们自己。真希望越来越多的青少年都能与蓝天相约，携手行动起来，保护环境。让天更蓝，地更绿，水更清，让我们的生活环境更美丽！

哥　　哥

张鼎博

"哥哥，你在他乡还好吗?

"你一走，就是两年多。这两年多来，你知道我是多么的想念你吗? 哥哥。"

我的哥哥善良、老实，平时言语不多，在家里我最爱和他开玩笑。

哥哥虽然知识很浅，但他十分懂得孝顺父母。两年前，因种种原因，哥哥辍学了，之后，就远离家乡外出打工去了。记得哥哥外出打工的第二个月，母亲意外地收到一个快递包裹，慌忙打开一看，是两件保暖内衣，另外还附有一封信:

爸、妈，我发工资了，上个星期我专门跑到街上的一家内衣店给你们每人买了一件保暖内

衣。平时呀，你们省吃俭用惯了，现在天气凉，
我给你们买的保暖内衣别舍不得穿……爸、妈，
你们别挂念我……

母亲读完哥哥写的信，泪流满面地说："儿子长大
了。"

哥哥也非常疼爱我，照顾我。今年春节哥哥没有回来，
电话那端，哥哥告诉我说："鼎博，你在家要听爸妈的话，
好好上学，以后不要像我这样给别人打工，不但受苦、受
累，工资还很低。将来你考上大学，工作就会很轻松，待遇
也好。现在，哥哥特别后悔当初没有好好读书……"

记得我八岁那年的一个暴风雨的晚上，家里只有我
和哥哥两人。我睡了，哥哥还在看电视，当哥哥准备上床
睡觉时，他的手无意中触到我的脑门儿，慌忙把我叫醒：
"鼎博，你发烧了。"我迷迷糊糊地坐起来，哥哥拉开抽
屉发现没有了退烧药，迅速帮我穿上衣服，把仅有的一件
雨衣披在我身上，拿把手电筒，背上我冲进了漆黑的雨夜
里。我趴在哥哥的背上，一点儿也没有感觉到冷。路上，
哥哥背着我滑倒了好几次，但他都是努力地爬起来，直至
把我背进村卫生室。

这件事虽然过去了四年多，但哥哥雨夜背我看病，路
上多次滑倒再站起来的情景依然历历在目。哥哥，我想你
了，请你有空的时候回来看看我吧！

感谢时光让你我相遇

毕淑云

假如生活是一杯鸡尾酒，虽然炫目却需要小心调配，那么与你相遇、相守三年的日子，你就像一杯白开水，平淡却甘甜。遇见你，是我最大的幸运！

记忆的牢门，悄悄打开。轻淌回忆，如诗如画，脑海中浮现出你的一举一动。

下了补习班，饥肠辘辘的我无力地倚着石墙，望着紧紧闭合的大铁门，心里不住地埋怨着妈妈，怎么还不回家？任冰凉的雨点打在脸上，浸入心底，阵阵凉意遍布全身。

眼前的世界突然出现一片温暖的红色，抬头，见你瘦小的身躯在风中摇曳，弱不禁风却总能给人温暖。你一手轻举着伞，微歪着头，嘴角勾出一道优美的弧线，明亮的眼睛眯成了一条缝儿。你一手勾住我的肩膀，手指轻巧地

167

弹去了我发丝的水珠。"亲，咋了？山穷水尽之时，别忘了还有我嘛！"你俏皮地说道。

我勉强挤出一丝笑容，也狡黠地回应道："你这么没有正形，谁还敢信你啊。"心里却比谁都清楚，你是多么重情义的人。你不满地嘟起了嘴，却把伞靠向了我这一边。

"看吧，你这么说我，我都不生气，呵呵，去我家吧！"说完你揽住我的肩膀，让我没有抗拒的勇气。

与你相遇，我陶醉在阴雨霏霏的时光中。

回忆的丝线，轻轻勾起。脑海留恋，如梦如幻，眼中折射出你的一颦一笑。

两张本该拼在一起的课桌隔岸相望，我和同桌各据一方，我握紧了手，不想再忍住刻薄的语言。突然，一只冰凉的手拉住我，随即拽出了教室。

"老师不是说过要学会宽容吗？他为什么不跟你道歉？就是因为你的态度太强硬了……"你一脸严肃的神情，一语道破天机。

我无言以对，沉默，僵持。许久，你的脸上仍是凝重的表情，慎重地压下声音："去跟他道歉好吗？不能改变别人，就改变自己嘛！"

鼓足勇气，一抬头却见你顽皮的笑容充满了期待，眸子里细碎而温暖的光霎时拂过我的心田。

与你相遇，我享受于披荆斩棘的磨砺中。

时光不断地游走，生活的百味也已尝过，此时发现，"白开水"才是我生命中最美好的遇见，不论多么酸楚、痛苦，你都会为我化解。

　　感谢时光让你我相遇！

当困难来临时

邓小宇

生活中，我们总会遇到这样那样的困难。当困难来临时，你会怎么做呢？让我们从《神秘岛》一书中汲取智慧吧！

《神秘岛》是法国的"科幻小说之父"儒勒·凡尔纳所写的一部小说。它叙述了美国南北战争时期五个被困的北方人利用热气球逃跑的经历。在他们逃跑的途中，遭遇了突如其来的巨大风暴，跌落在一个不知名的荒岛上。他们在荒岛上，靠自己的聪明才智和辛勤劳动，过上了丰衣足食的生活。后来，他们得到尼摩船长的帮助，最终乘坐"林肯号"回到了他们的祖国。荒岛并不可怕，可怕的是一个人精神的荒凉。如果他们一开始就假定自己必死无疑，那是绝对不会存活下来的。

当困难接踵而至，我们镇定自如地积极应对，还是望而却步？我们是坐等失败的阴云布满天空，还是努力去开辟一片新的天地？这五个人遇到危险与困难，他们都能冷静应对，从而化险为夷。在寒冬即将到来的时候，他们利用羊羔的皮做成衣服，以御寒冷；当海盗过来的时候，他们与海盗斗智斗勇，打败了海盗……勇敢、无畏、英勇、机智是他们真实的写照。困难并不可怕，方法总比困难多。在弱者看来，困难就像大山，而在勇敢者看来，困难只不过是小土坡。

　　生活中，当我们遇到了困难，也要迎难而上，正如书中说的："只要祈求，就能得到；只要寻找，就能发现。"

"害人"的礼物

杜文龙

平板电脑虽然很贵重，可是，在我们班上，它也流行了起来——我们全班五十五个学生，至少四十个人都有平板电脑。我呢，自然在那四十个同学之外。虽然我在班里成绩中等，但因为没有平板电脑，即使是在"落尾巴"的同学面前，依然有抬不起头的感觉。

一天，从台湾回来的姑妈送给了我一台平板电脑。我欣喜若狂，感觉自己比谁都行，因为我的平板是最新款的，还是名牌！我只把平板电脑带到学校去了一次，让大家看一下，证明我有就OK了。周一到周五，我都把它放在家中的柜子里，只有在周末写完作业后才大玩特玩。

后来，我发现，原来平板电脑不只可以用来玩，还可以用来查资料、做听写练习、学英语……于是，周一和周五我也开始用它了。平板电脑还真像家教，渐渐地，我的成绩上去了，老师多次在课堂上表扬我："杜文龙的学习进步很快。"我心里美美的，觉得这都是平板电脑的功劳。

我和平板电脑的感情日渐深厚，我对它懂得也越来越多，比如用它来听音乐、聊天……我开始把它装在书包里，带着它去上学。放学后，我会特地选一条偏僻的小路，一边走路一边玩。晚上，妈妈催我睡觉后，我还要在被窝里悄悄地玩一会儿。我半天不摸平板手就痒，一天不见它就丢了魂儿。于是，在课堂上，我开始打瞌睡了；月考，我成绩下降了；一段时间之后，我看不清黑板了；到期末，我的成绩一下降到了四十名之后，而且还成了个近视眼。我忽然成了老师嘴里的"落后典型"，也成了爸爸心情不好时的发泄对象。我不明白，这究竟是怎么回事？

爷爷七十大寿时，姑妈又从台湾回来了。姑妈问我学习成绩怎样，我一下子意识到——都是平板惹的祸！于是，我拿来平板电脑，往姑妈怀里一塞："还你。"姑妈一头雾水。爸爸在旁边道明原委后，姑妈把我拉到怀里，说："平板冤枉啊。龙龙，我给你举个例子吧。"姑妈瞟了一眼爸爸，说，"你爷爷每天喝两小杯酒，可以舒筋活血；你爸动不动一瓶两瓶地灌，伤肝伤肺。可是酒本身没害人啊。任何东西都有个度，有利就有弊，看你怎样对待。平板也一样。"姑妈是博士，我觉得，她说的话好有道理。

说完后，姑妈把平板电脑还给了我。我低下头，轻轻地摩挲着平板电脑，想道："害了我"的，究竟是平板电脑，还是我自己呢……

总想为他唱首歌

最窘危机

邱海航

　　"哐当、哐当……"火车奔驰在前往首都的铁轨上，这是我第一次离开爸妈跟随老师参加游学营。为了便于我携带行李，妈妈特意为我买了一个全新密码箱，所有东西都放在箱子里面。

　　也不知火车开到哪个地方了，我感觉肚子有些饿了。没问题，妈妈为我准备了不少吃的呢！于是，我拿来箱子。可我拨弄一番，怎么也打不开，这可怎么办呀？对，只有一个办法——打电话请教妈妈！谁知妈妈报来的密码根本打不开！她着急地对我说："儿子，密码一定是被你重新设置了，我也没法帮你，你自己想办法吧！"结束了与妈妈的通话，我显得孤独无助，泪水禁不住"哗哗"流下来。可是泪水冲不开箱子，也换不来密码呀。我擦掉泪水，对自己说："别慌，既然错误已经犯下，那就想办法自救！"我在脑海里盘算着：虽然我不知此时的具体密码，但它肯定是三位数，那我干脆从000试起，一直试到999，总会碰到一个正确的答案！

于是，我静下心来，开始了漫长的密码之旅："000、001、002、003、004……"每拨到一个新数字，我就试着开一次，每开一次，就吃一次闭门羹。十次、二十次、三十次……一百次、两百次……我那小小心脏啊，实在无力承受这样的打击了！难道就这么放弃？不行啊，北京一周的所有家当都在里面，我没有放弃的理由！我打起精神，再一次浸入数字的海洋，身边小伙伴的说话声、嬉闹声已全然听不到了。

一刻钟、半小时、一小时……当我试到838时，"啪！"箱子打开了，危机解除了！小伙伴为我欢呼，我也长长地吁了一口气，不由得喜极而泣，赶紧打电话向妈妈汇报。

耶，我凭着百分耐心打开了行李箱，化解了这场危机！

你是我心中那盏灯

张瑞颖

漫漫黑夜，如何找到回家路？瑟瑟寒风，如何得到温暖的庇护？茫茫题海，又如何到达彼岸的船埠？只要有你，灯便亮着，为我指明远方的路。

漫 漫 黑 夜

学校的晚自习总是那样的漫长，不等下课，夜幕早已将这小城笼罩起来，只有路边稀稀拉拉的几盏路灯还散发出微弱的光，使我能勉强看清道路。

骑上自行车向家的方向进发，路旁昏暗的灯光能稍稍为我壮胆。路途并不遥远，骑过两个路口便能在朦胧的月光中望见高楼的轮廓，随后越来越近，越来越清晰的，是窗口的灯光。它如灯塔一般立在那里，窗后或许有你疲惫的身影和焦急张望的目光。

你在那里，灯便亮着，使我在漫漫黑夜中也能找到回家的路，让我感受到光明和爱的存在。

瑟 瑟 寒 风

又到了让人生厌的暴雨天，薄薄的短袖已抵挡不住那夹杂着瑟瑟冷风的雨点，雨伞也被那狂风吹得变了形。离开教学楼的庇护已是寸步难行，只听得到耳边呼啸而过的狂风，感受得到雨点打在皮肤上的真切的疼痛感。

我终于鼓起勇气，一头冲进雨幕之中。又猛然抬头，却看到前方微弱的灯光，它越来越近，在寒冷的雨天尽情散发着它的光和热，再看那被这灯光映照的脸庞，早已被雨水冲洗过不知多少次，头发也被打成缕，发梢挂着水珠。但当我扑进你的怀抱时，依旧温暖。

你在那里，灯便亮着，使我在瑟瑟寒风中能够享受你温暖的庇护，让我感受到温暖和爱的存在。

茫 茫 题 海

夜幕降临，试卷上一连串的问号让我更加烦躁，笔尖划过草纸的每个角落，却始终找不出正确的答案。终于，我开始泄气，笔被重重地丢在桌上，向前滚动了几圈，也静默了。

这时，一杯水出现在我面前，关切的询问传入耳畔："怎么了？""这一道题做不出来。"我用手指狠狠地点着那一道令人厌恶的题目，将怨气和不满都发泄在它身上。"所有的方法都试过了？"你拿起那张试卷，看着上面的题。我点点头，举起那张满是各种字符的草纸。"你先睡觉吧，我看看这道题。"你一边轻声说着，一边推开门走出去。

我呆坐良久，看着门缝中挤进一丝丝光亮，我仿佛看到时而眉头紧锁，时而微微一笑的你，夜幕里的你，灯光下的你。

你在那里，灯便亮着，在茫茫题海中，有你载我到达彼岸，让我感受到关心和爱的存在

你，就是我心中那盏灯。有你在，灯就亮着。灯在漫漫黑夜中亮着，指引我找到回家的路；灯在瑟瑟寒风中亮着，将我拥进你温暖的庇护；灯在茫茫题海中亮着，载我到达彼岸的船埠。

在白天看星星

我是小小投资商

蒋路云

看了题目，你们一定觉得非常奇怪吧：一个十二岁的小屁孩儿怎么会成为投资商呢？确实如此，我并没有骗人。

星期天吃午饭时，爸妈商量着说要把房子前面的那块地建成水泥地停车场，预算要多少费用。我一听，眼珠骨碌一转，计上心来：最近我正愁着怎么用压岁钱"钱生钱"，这可是天赐良机，我可以把压岁钱投资给爸爸妈妈，这总比存银行要合算。

我赶紧接过话茬："安静！安静！听我说！"爸妈见我一本正经的样子，连忙停下话匣子。我清了清嗓子说："我准备把我的压岁钱投资给你们建停车场，建好后，停车，我收费，如果无故损坏地面还要罚款……"爸爸听我说完，笑着说："主意不错，有经济头脑了哦！好吧！你列个收费清单，我们再签个合同。" 我趁热打铁拿来纸和笔写起来：汽车停车一天二十元，半天十元；三轮车停车一天十元，半天五元，两小时以内不收费；故意弄脏地面每次罚款二十元，并清理干净，故意破坏地面每次罚款二十元……

爸妈看了毫不犹豫地答应了，我又在一张白纸上装模作样写了一份合同，让他们过目后签字。事情办妥了，我郑重地交出了压岁钱。

回到房间后，我开心地算起账来：以后就是没有罚款收入，靠每天停车收费也是一笔不小的收入，想着想着，我情不自禁地笑了。

一不小心，我成了个投资商！

大战数学试卷

董开超

上课铃响了，教室里响起一片笔尖在纸上"唰唰唰"的声音。大家都在奋笔疾书，无比投入地做着数学试卷。

"打劫！"不知不觉，我走到了一片荒地里。刚到不久，就跳出一只自称"填空题"的拦路虎，大喊着"打劫"。我蒙了，这只拦路虎的威力可不一般哪！它挖下陷阱，让我无法顺利前进。哼！实在可恶，明知道我囊中羞涩，还偏偏要我留下"买路钱"。我仿佛看到这只"虎"在暗暗发笑，似乎想立刻把我吃掉。想想，再想想，不行，不能丢这个人啊，我好歹也是学校的奥数英雄，怎么会轻易认输？"三个数相乘，先这样，或者先这样……"我绞尽脑汁，忽然开窍了，乘法结合律中，先乘前两个数，或者先乘后两个数，积都是不变的。迅速战斗吧！不消一刻工夫，所有大坑、小坑被我填得平平实实，"拦路虎"眼睁睁地看着我离开了。

　　我走出荒地，又来到了小小练兵场——判断题。一位小兵正在巡逻。为了过关，我拿起小石子，扔了过去，"砰！"小兵听见声音，左看右看，注意力分散了。我趁他去查看是谁扔的石子时，连滚带爬，安全逃离现场。这时，只听身边传来"轰隆隆"的爆炸声，已经有几名同学掉进陷阱啦！

　　我又来到了大兵堡——选择题，入堡时还得输入密码。门上写着：破解第一道题，密码就是该题的正确答案序号。我怀着好奇与期待，仔细审查题目，小心翼翼地选择了答案序号。前几道题都难不倒我，不费吹灰之力就搞定了，但后面的题越来越难。我的心像小鹿一样乱撞。不能半途而废，我不停地搜索脑电波传入的信息，按"排除法"飞快地选择，然后，我把答案序号填入一台类似保险箱的机器。对方终于提示：密码正确，宽敞的大门为你打开！

　　没错，现在我已经是一名战士了。班长告诉我，得去训练现场接受计算题练习。训练场里的虾兵蟹将可真多呀，有口算小兵、分数小将、计算老将……它们在我面前张牙舞爪。我笑了笑，依然不费吹灰之力就将它们打败。最后，我雄赳赳、气昂昂地走向应用题……

　　在这次数学考试大战中，敌人非同一般，个个都威猛强壮，它们拿着的武器也都很先进，但我还是过五关斩六将，成功地打败了它们，哈哈！

当语文月考试卷发下来之后

郑馨媛

　　"快看,讲桌上有一大沓语文试卷,卫老师不会要发月考试卷了吧?""也不知道我考了多少分?"……同学们做完操后,来到教室,一眼就望到了讲桌上的试卷,仿佛也看到了那鲜红的分数。卫老师昨天很生气,我们考得应该非常不好。想着想着,那大大的红叉就好像深深地烙在自己的心里。同学们在下面交头接耳,小声讨论着。

　　"同学们,你们在说什么呀,你们的心情是怎样的呢?"卫老师和颜悦色地问。卫老师居然没有生气,莫非我们考得很好?"我来采访一下各位同学,你们此时的心情是不是忐忑不安呢?"卫老师继续"笑里藏刀"地说。当然是忐忑不安了,还不止,我们此时的心里像揣了一窝兔子一样,怦怦直跳。我的牙齿好像都在打着架,腿和手似乎都吓软了。要是这次没考好,不但名次会降,说不定回家就要吃顿"竹笋炒肉"加"男女混合双打"。想着想着，我把目光全力投到卫老师手中的第一张试卷上，两眼似乎泛着绿光。

"第一张，郑……"卫老师大声地念到了我的姓。我的心先是一颤，接着提到了嗓子眼儿。"馨媛……"第一张真的是我，放在最上面，说不定是第一名呢！我心中一喜，心里的大石头终于"咚"地落到地了。我下意识地往后一退，缓缓地站起来。"84.5分！"卫老师面无表情，我无法揣测卫老师到底对这个分数满不满意。这个分数到底算不算高分呢？我的心又开始颤抖起来，脚步艰难地挪动着，像拴了一个无比巨大的铅球。老师看着我，又补了一句："你太粗心了，试卷上许多错误都是不该犯的。"

听完这话，我的心一下子沉重起来，整个人仿佛都萎缩了。这次我的名次不会一落千丈吧！此时，我恨不得找个地洞钻进去。座位离讲台只有几步远，可我现在却"度秒如年"。我看了看同学们，他们的眼神似乎有一丝异样，卫老师又说了什么，我不知道。我终于来到讲台，接过了试卷……

84.5分，这个分数深深地刺痛了我的心。但我知道，分数并不重要，接下来我要做的是静下心来，认真分析错误的原因，寻找差距。

相见时难别亦难

朱 园

一眨眼，五天的训练就这样匆匆过去了。回想第一天，仿佛是前一秒，每一件事都是那么清晰，让我记忆犹新。

还记得进基地的第一天，天空下起了小雨，虽然不大，却绵绵密密。然而这样的坏天气并没有浇灭我们的好心情，大家都在好奇地猜想：未来五天，是苦是甜？

很快我们就体验到了过去见都没见过的东西——巴克球。宋硕同学已经写了巴克球的故事，我就不再多说了。

除了巴克球，我最难忘的就是布艺。教我们布艺的老师不厌其烦地教我们如何穿针、如何回针、如何封口。我缝的是一个心形的小玩具。我在开口处塞完了棉花，开始缝得很好，可就因为最后封口时错了一步，一步错，步步错，我很伤心。但是我明白了一个道理：不能因为一时的成功而忽略后面的步骤，否则会前功尽弃。

高空滑索、穿越时空、急救防护、极速六十秒……五天，我们抛洒汗水，我们欢歌，我们哭泣，我们成长着，我们痛并快乐着。五天的故事多多，五天的收获多多。

车来了。许多同学流下了眼泪，呜呜地哭着。我恋恋不舍地望着这里的一切，那一丛薰衣草是我最喜欢的花。清晨的露水从花蕊落在花瓣上，就像泪水从眼角滴落在脸颊上。淡淡的紫色在风中摇曳。亲爱的薰衣草，你是在难过吗？望着大钟楼，我想起刚来的时候，站在相同的地方望着相同的景物，心情却格外不同。悲莫悲兮伤离别，不知不觉，一滴泪悄然而下。同学们催我了。我擦干眼泪，背起背包……

车，开走了，时间过得真的很快，来时烟雨朦胧，走时阳光明媚。直到今天，我还在想：我是不是做了一个梦——一个有喜有悲的梦，当然，还有离别……

在白天看星星

捉 蟋 蟀

王涵煜

秋初，乡下的傍晚不再那么闷热，偶尔吹来丝丝凉爽的风，使人心旷神怡。坐在藤椅上的我无聊地望着天空中渐落的残阳与千变万化的火烧云，伸了个懒腰。"唧唧唧……"突然，一声声清脆的鸣叫跃入我的耳畔，咦，那么悦耳，那么有节奏啊！一呼一应，一起一伏，一高一低，这不是蟋蟀的叫声吗？听着听着，一个奇妙的念头悄悄闯入我的脑海中：何不自己尝试着去捉一次来玩玩呢？

蟋蟀这种小动物，我曾看爸爸捉过几次，也养过。但除了偶尔喂它们吃点儿东西之外，我和它们也没多少互动。不过，这小东西的歌声实在让我着迷，它真是个奇妙的歌唱家。

在我的再三催促下，爸爸终于同意和我一起出发，去寻找蟋蟀啦。可奇怪的是，蟋蟀的声音明明感觉就在附近，可我却连个影儿都没找到。后来我估计，就算有，也应该被同行的小狗丢丢吓跑了吧！瞧瞧丢丢，在田地中东奔西窜，一会儿这儿闻闻，一会儿那儿跑跑，好不欢乐，好似我们带着它在秋游。等了许久，丢丢终于消停了。

天色已暗，我们打着手电筒，继续蹑手蹑脚地搜寻着，生怕遗漏或吓跑任何一只蟋蟀。终于，功夫不负有心人！一只蟋蟀映入了我的眼帘：它全身黑乎乎、油亮亮的，两只触角轻微地前后摆动，很是灵动，在手电光的照射下眼睛似乎闪闪的，太可爱了。我撸起袖子，摩拳擦掌，准备收服这只大意而又倒霉的蟋蟀。

见到我信心满满的样子，爸爸一边为我加油打气，一边指导我该怎样下手去抓。我两手扣成盖状，慢慢靠近，准备来个"天王盖地虎，宝塔镇河妖"。突然，我的手又犹豫不决地缩了回去。太可怕了，万一被它咬了怎么办？我会不会死掉啊？看见我手足无措的样子，爸爸安慰我："没事的，继续吧！"我重整旗鼓，准备一试身手，可是蟋蟀不等人呀，当我屏息凝神正要下手时，那调皮的蟋蟀竟然旁若无人地跳开了！哼，算它幸运，但不会再有下次了。

一地不成，再换一地。我们来到了葡萄棚边，用手电筒四处查看，生怕漏掉一分一毫的地方，可四周连一点儿蟋蟀的影子都没有。但是，夜色中依然一片喧闹，虫鸣鸟叫声此起彼伏，与夜色交融，美妙的感觉在我们心头油然而生。我耐着性子半蹲着，眼观六路，耳听八方，四处搜寻。

虽然耳畔蟋蟀的叫声愈来愈响亮，可眼前总是那么令人失望。我正纳闷蟋蟀到底都去哪儿了，哟嗬，一只不请自来的蟋蟀正好误打误撞地闯入了我的视野！太棒了，总算又有盼头了！

吸取了上一次的教训，这次我可不会让它成为漏网之虫。夜一下子静了许多，仿佛大家都在屏气凝神地等待我成功的一击。我思索了一下该如何下手，然后慢慢蹲下身，两眼直直地盯着，两手似天罗地网般，以迅雷不及掩耳之势扑过去，将蟋蟀收入囊中。

有了这一只作为成功的基础，我愈战愈勇，一连捉到了三只蟋蟀，也减少了些许对昆虫的恐惧。而在一旁的爸爸也童心未泯，和我一起捉起了蟋蟀。夜空中飘着我们父女俩愉快的笑声。

童年，乡下秋天傍晚捉蟋蟀这愉快的事，会让我一直记在心中。

这 就 是 美

徐 阳

　　美无处不在，在平凡生活中爱就是美。

　　冷风"嗖嗖"地吹着，细小的雨滴落在岩石下面的一颗种子上。

　　岩石对种子说："孩子，不要在我脚下成长，那儿没有阳光，却只有稀稀拉拉的一点点泥石。"

　　种子笑着答道："这并没有事儿，您给我挡风遮雨。您是我的母亲。这儿虽然没有阳光，我却在您的怀抱里感到温暖。"

　　渐渐地，种子变成小苗。小苗愉快地唱着歌，岩石却消瘦了许多。

　　数年后，小苗已经长成树苗，却因为没有营养，岩石在它身上凹凸坑洼的地方剥下泥土聚集营养，尽力让树苗成长。若干年后，树苗已经长成参天大树，而岩石却变成一块小石头。每当游人经过这儿，都会停下脚步歇息，吟诗作画。大家无不赞叹大树枝干很美，花朵清香扑鼻。但当他们看到大树下丑陋的石头时，都想搬走它，但被大树拒绝了。大树反思了一会儿，告诉人们："这是我的母亲！"游人好奇地走了。

大树伤心地看着脚下的石头，含着泪说："是您成就了我，今天该我保护您了！"石头在大树的脚下笑了。

伐木工人站到大树前面，瞧了瞧粗壮的枝干，所有的树都羡慕地看着。伐木工人举起斧子，瞄准大树。大树拒绝了他，大树很坚决："我要保护母亲！"伐木工人也纳闷地走了。

日复一日，年复一年，时间似流水。大树的种子掉落到地上，变成了一个个新生命。大树教育着自己的孩子，每天都在说："要珍惜自己，要知道自己来这个世上是多么不容易。"

我所谓的美，也就是大树与岩石之间的故事。这就是美，是自然之美，是值得我们学习的美！

第一次"表白"

孙伟策

没有阳光雨露，就没有花草丛生；没有老师的辛勤培育，哪会有我的成长和进步。借这次习作的机会，我要向老师表达自己的敬爱之情。

同学们都在完成这次习作，而我呢，还在犹豫不决，该向哪位老师"表白"呢？我最终选定了王老师。我喜欢数学，也喜欢教我们数学的王老师。每逢万圣节或圣诞节，王老师都为我们精心筹备活动，亲自帮我们布置教室，直到很晚才离开学校。为了我们，王老师真是用心良苦啊！

尽管我这样决定，可还是说不出口啊！数学课上，知道我心思的同学一起起哄，把我推到了王老师面前。这下子逃不掉了，"管它呢，说出来不就好了吗？"我心里这样劝说自己。"王……王……老师……"我支支吾吾的，下面的词又不敢说了。

　　"快说呀，快说呀！"同学们一再鼓励我。我深吸了一口气，终于勇敢地说出："王老师，我爱您！"我说得很响亮，语速也很快。话音刚落，大家就报以热烈的掌声。啊，说出来的感觉真好！王老师笑着问同学们："要不要拥抱一下？""要抱，要抱！"大家又不约而同地说。我说出"我爱您"已经实属不易，现在还要我拥抱她，这该怎么办呢？

　　正当我因羞涩犹豫不决时，善解人意的王老师主动向我张开双臂，我不知不觉地跟她拥抱在了一起，一切就是那么自然。这就是我人生中的第一次"表白"，感觉不错！

在白天看星星

杨千寻

白日国。一个小男孩儿安静地坐在河边，抬头望着天空。一位流浪的魔术师好奇地凑过来。他是今天才到达白日国的，今年已经九十八岁了，在此之前，他走过了九百零一个国家。

魔术师问小男孩儿："你在干什么？""我想看星星，"小孩儿失落地垂下头，"但这里是白日国，是没有夜晚和星星的。"

"你可以做一个看星星的梦呀！"魔术师说。

"白天女巫掌管着所有人的梦，我们做梦只能梦到白天。"小男孩儿失望地说，"你知道星星是什么样的吗？"

"星星嘛，一闪一闪的，很可爱，很漂亮，就像我们魔术师的魔力球。"魔术师回答道。

小男孩儿憧憬地望着天空，随即垂下头，沉默不语。忽然，小男孩想到了什么。"你是魔术师，你一定有办法的。"小男孩儿激动地说。

"这个嘛……每个人的眼睛里都有闪烁的光芒，这些光芒足够做成千上万颗星星了。但是，没有了光芒，眼睛就瞎了。"魔术师若有所思。其实，他是骗小男孩儿的，只有魔术师眼睛里的光芒才管用。他当然不想把光芒献出来。一辈子再也看不见，他可不愿意。

"那，你把我眼睛里的光芒取走吧！我看不见没关系，这里的孩子都想看一看星星。"小男孩儿说。

见魔术师沉默不语，小男孩儿走过去，抱住他的腿，一遍遍请求着："就用我眼里的光芒吧。我的弟弟、我的朋友都想看到星星。"

"你跟我来。"魔术师说着，站了起来。小男孩儿当魔术师答应了，急匆匆跟上他的步伐。

"好了，孩子，闭上你的眼睛。"魔术师和蔼地说。

小男孩儿不舍地望了望天空，毅然闭上了眼睛。

魔术师背过身去，用魔术棒慢慢把自己眼里的光芒取出来，捧在手心里——真的要把它变成星星吗？我还有那么多风景没看，还有那么多古书要读，还有那么多法术要学习。可是，想到小男孩儿期待而坚定的眼神，魔术师仿佛看到了孩子那颗纯净的心。

"咪咕咪咕吧，变成星星。"一颗颗星星从魔术师手中"嗖嗖"飞向天空，宛若璀璨的烟花在空中绽放。太阳静静地躲到云层里去了，虽然是白天，星星的光芒依旧夺目。

小男孩儿睁开了眼："咦，我还看得见？哇，是星星！好美的星星！"

已看不见的魔术师笑了，他默默转过身，离开了。小男孩儿似乎明白了什么，眼泪无声地流了下来。

快乐的图书跳蚤市场

洪东倩

"今日特价，三元一本，三元一本呀！真是便宜到家了，还在等什么？快来买呀！"

"这本书我不喜欢看，我不买。"

"这么便宜，买一本呗！"

"那你得两元钱卖给我。"

"虽然有些亏，但是这毕竟是第一次做生意，成交！"

……

这是在干什么呢？原来是学校的"学生图书跳蚤市场"活动在我们班提前上演了！离活动开始还有一个多小时，我们班的同学都已经迫不及待地将带来的图书，在自己的班里先卖了起来。

今天我带了七本书，有《朝花夕拾·呐喊》《格林童话》……这些书虽然我都已经看过，可是要卖出去，还真有些舍不得。正当我犹豫不决的时候，广播里传来了李校长那激情澎湃的声音："下面请各位班主任带领学生到操场上进行图书交易！"

同学们听到后都欢呼起来，抱着自己的书三五成群地往操场走去。只见离操场近的班级的同学已经选好位置，开始"摆摊"了。

"走过路过千万不要错过。机不可失，时不再来，快来瞧一瞧，看一看呀！"这一听就知道是我们班出了名的调皮蛋周成杰的声音。不少"贵客"循着他的吆喝声跑去看，其他书摊的小老板见状心里不平衡了，也学着"周大爷"的样子扯开嗓门大声吆喝。

《查里九世》可是最近的流行书，我刚摆上去，就被人盯上了。"多少钱？"我班的肖钰林问。我犹豫了一下，说："四元吧！"还没等肖钰林说话，就被半路杀出来的夏正强抢先买下了。第一笔生意就这样做成了，我在心中暗暗得意，没有想到做生意这么简单！

"《斗罗大陆》第二部，六元钱一本，走过路过千万不要错过呀！"隔壁六年（3）班的倪刚起劲儿地叫着，我听后立马掏钱买了一本，因为，这本书如果在书店买，至少也得二十元！随后，我又买了几本书。买完后，我只剩了五元钱，顿时变成了叮当响的穷光蛋。正当我"绝望"之时，一位三年级的小妹妹来买我的《格林童话》，我本想卖五元，可她说："我没有这么多钱，可不可以……""那三元！"我咬牙道。虽然《格林童话》卖亏了，但是我并不难过，因为我得了三元，又可以去别的地方继续"寻宝"了……

操场上的人渐渐少了，大家都在清仓大甩卖。"哎！一元一本，买一送一，要不要？"我问。"好……好吧！"买家犹豫了一会儿，买了。我的书终于全部卖完了！我们三人小组中的魏琪还有三本没有卖出去，她只得使出终极必杀技——一元三本！"我买！"我拿了一元钱给她！

我明白了学校组织这项活动的重要意义，也体会到了"经商"的乐趣与辛劳。真期盼下次的图书跳蚤市场活动能早日到来！

面对"逗号"

祁嘉佳

面对逗号，该欢喜，该惆怅，该接受，还是该放弃？一切取决于我们自己。即使逗号满天，最终也要有一个句号。既然有句号，那我们就该考虑如何面对逗号了，考虑如何面对逗号才会不使句号失望。

如果你是一个生物学家，你肯定会说："逗号是最好不过的了，当一个生命降临时，那是一个逗号美丽的开始。精彩地度过每一个逗号，那是你一路走来的痕迹；让生命焕发耀眼光彩，把句号打扮得更美些。"不可否认，这样的逗号是美丽的，但另一种呢？

让我们来看看一个铁环的故事。一个铁环缺了一个角，它决定去找属于它的那个角。在寻找途中，铁环由于缺了一个角，它一路走一路停，所以滚得很慢。它交了许多朋友，有挺拔的大树、碧绿的小草、美丽的小鸟……它也经历了好多磨难，最终找到了它的那个角。可当它安上角以后，它的人生一帆风顺，但同时它也错过了很多美好的东西——因为它滚得太快了。

看到这里，如果出一道选择题，你想面对怎样的逗号？有A、B两个选项，A：一帆风顺，没有任何坎坷；B：艰难重重，需要勇敢克服。如果是我，我会选B。因为A会让我遗失很多东西：坚强、自信、勇敢……而B却会让我收获这些东西，让我能够更好地去走下面的路，再艰难也不怕。尽管中途可能会犹豫，会迷茫，但也会让我们发现许多美丽的东西，让我们能够勇往直前，向下一个逗号前进。所以面对逗号，尽管有些难过，但我们一定要勇敢、坚强地面对，因为前面还有更美丽的风景在等着我们。正因为这些，我们要鼓起勇气来，向着目标前进，前进。不再犹豫，不再徘徊，过好人生的每一个逗号，为自己的人生画一个美丽圆满的句号。

对了，你还没回答我：你想面对怎样的逗号，选A还是选B？

嗯，希望你能和我一样。

难以忘怀的风筝

方敬杰

春天一到，天空中就飘起了各式各样的风筝，我时时不能忘记的是童年的那个风筝。父母常年工作在外地，我的童年是在乡下跟爷爷一块度过的。春天来了，小伙伴们都在为放风筝准备着。在乡下，放风筝可以说是孩子们春天里最开心的事情，大家还要比比，看谁的风筝最好看。

我老早就央求爷爷，让他给我扎一个最好的风筝。爷爷答应了，我看到爷爷准备了竹篾、彩纸、细绳，在忙碌着。我趴在旁边满心喜悦地看着，爷爷让我睡吧，说明天早上就可以看到风筝了。我本来不想睡，可迷迷糊糊躺在被窝里睡着了，梦里见到了那个最精致最好看的风筝，把小伙伴们都比下去了。

等我睡醒，从床上爬起来，已经很晚了。我赶紧喊："爷爷，爷爷，我的风筝呢？"爷爷赶紧从外屋走进来，让我快穿衣服，风筝就挂在外面的门柱上。我慌乱穿好衣服和鞋子，跑到外屋，看到风筝，我充满惊喜的心一下子凉了。我看到一个天底下最粗糙最难看的风筝，只是用竹篾扎了个圆圈，糊了一层彩纸，而且那个球扎得也不圆，扁扁的，像个长偏的大南瓜。圆圈后面拖着一个长长的尾巴，像个大蝌蚪。我哭喊起来："这么难看的风筝，我才不要呢！爷爷，你真笨，你真笨！"

爷爷怎么哄我也不听。爷爷只好答应我，为我重新再做一个，我才不哭了。吃完饭我要出去找小伙伴玩耍，磨着爷爷一定要重新做，看到他又开始鼓捣那些竹篾了，我才跑出门去。

天快黑的时候，我才跑回家，一进门就看见了爷爷为我重新扎好的风筝。尽管比早晨的那个好一些，但还是那么粗糙，那么难看。爷爷可能想扎个动物，可是鱼不像鱼，狗不像狗，鸟不像鸟，成了个怪物。我咧开嘴，又哭了。爷爷把我搂在怀里，不停地抚着我的后背，竟然也掉下了眼泪。那年春天，我拿着这个粗糙的风筝和小伙伴们一起去放，他们的风筝都比我的漂亮可爱。因为风筝难看，我心里自卑极了，觉得自己像一个丑小鸭，心里竟充满了对爷爷的怨恨。

好多年过去了，我时常想起那个风筝，时常为自己幼时的不懂事感到内疚。爷爷已经离开了我，但我的脑海里时常会浮现出这样的场景：失明的爷爷，佝偻着身子，花白的头颤颤动着，他用抖动的手摸索着摸索着，将竹篾一根根扎在一起……

"麻将"之怕

柯晓洋

今年暑假，我去姑父兰州那个家玩时，遇见了一件令我害怕的事。

那天午后，哥哥突然问："爸爸一大早就去谈生意了，怎到现在还不回来？""大概去打麻将了。"姑妈回答。没想到哥哥突然火冒三丈："啊，他又去打麻将了？不是答应我再不碰麻将的吗？真不自觉！"说完，他拉上我，拔腿就走。

哥哥不喜欢姑父打麻将，还经常为此生气。这次，矛盾大概要升级了。这么想着，我心里很怕很怕。

哥哥领我首先去了姑父常谈生意的地方。姑父不在，他就又领着我沿路找。我和哥哥已经跑遍了姑父常去的那些棋牌室，可是，每一家都不见姑父的身影。时间一分一秒地过去，越找哥哥越着急。我想回家请姑妈打电话。可哥哥不乐意。他直说这次非要让姑父好看。

　　哥哥能让姑父怎么个好看法呢？我一边走，一边艰难地思考。心里的怕，更多了。

　　等到我们无意中看见一家掩藏在梧桐树丛中的小小的麻将馆时，事情才有了转机。哥哥对那服务员说："请问，有个壮壮的，黑黑的江苏人在这儿吗？我是他儿子，找他有急事！"人家看了我们好久，才嘟哝着说："好像……嗯……在那个房间。"循着她的手指走过去，推门一看，姑父果真在那坐着，正专心地看着麻将。

　　"你说话不算数！你还打这么大！你不负责任！你不配当我的爸爸！"哥哥指着姑父鼻子的手直打战。吼完，他就泪洒全场，转身飞奔而去，留下姑父和一屋子目瞪口呆的大人。

　　我也赶忙往外走。哥哥不见了！我一会儿往左跑，一会儿往右跑，一会儿往前找，一会儿往后找……找不着哥哥的我，几乎成了没头的苍蝇。后来实在跑不动了，我只好一个人回家搬救兵。怕的感觉，铺天盖地。我还想不通：哥哥不是要找姑父吗？怎么找到了不要他回家，自己倒不见了？

　　"姑妈，求你快去找哥哥！"一跨进家门，我就大哭起来。我还边哭边把事情的原原本本都又讲了一遍。姑妈的眉头狠狠地皱着，听完，她拉起我的手，就原路找去。"哥哥，你一定要好好的，可别真丢了啊！"一边找，我一边忍不住祈祷。

好在还是被我们找着了。当时的哥哥，双手握成拳头，握得紧紧的，嘴噘得老高，正在人行道上慢慢地走。他心里一定还很气很气。

回家一看，姑父正在办公桌前坐着。脸上灰灰的。哥哥也没给他什么好脸色。他们父子俩没说一句话。第二天，冷战依旧。这样怕人的状况，持续了很多天。

此刻回忆，我发现这件让我害怕的事儿，也让我明白了不少道理：首先，大人与孩子说话，就要讲信用，说话不算数，当然是不对的；其次，大人偶尔打点小麻将是可以的，但不能赌博；第三，哥哥管大人的事是可以理解的，但要讲究方法，不能吵架，有话要好好说，还有就是，不管怎样，都不要离家出走，因为一个人在外面很危险，家人又非常担心。

幸福的滋味很甜美，幸福的感觉很温暖，幸福的时刻很美妙。

幸福是什么

唐蔓蔓

在寻找幸福的道路上，有人说幸福是"临行密密缝，意恐迟迟归"的牵挂；有人说幸福是"春种一粒粟，秋收万颗子"的收获；也有人说幸福是"但愿人长久，千里共婵娟"的愿望。而我知道——幸福是父母的关爱，朋友的鼓励，老师的提醒。

幸福是父母的关爱。每当我在家时，电视机总是一天天地开着。就因为这样，那段时间头痛得很厉害，经常晕眩。那次，我陪妈妈去市场买菜，妈妈让我站在原地等她。我听着闹哄哄的噪音，头开始晕眩，眼前一片空白。就在我快倒下时，有一双手扶住了我。哦，原来是妈妈。如果不是妈妈的及时出现，我真的不敢想象后果会怎样。因此，爸爸妈妈禁止我看电视，怕我"旧病复发"。可他们怕我无聊，就买了部"随身听"给我，让它代替电视。

时间久了，我对电视也就没了兴趣，而对音乐却情有独钟，头也没晕过。

幸福是朋友的鼓励。每当考试失败时，我的世界就是灰暗一片，而朋友却会细心地安慰我，并说："不要灰心，只要你努力了，就没有什么可遗憾了！"每当这些话语回荡在我耳畔时，我的心情就会从地狱升到天堂，豁然开朗。每当跑步落后他人时，她总会在我身后为我加油打气，让我重拾信心。而这时我就会发现，在我的世界里没有别的东西，只有离我不远的冲刺线在向我招手。

幸福是老师的提醒。每当上课分神时，老师总会找各种不让我尴尬的方法提醒我，让我回过神来；又得想方设法让整个课堂的气氛活跃起来，让别的同学也不再分神。老师提醒教育我，又维护了我的尊严。每当作业出错时，老师总会在作业上留下点指示的痕迹，提醒我是哪儿错了，为什么会错。有时，老师也会严格地批评我，让我下次不能再犯同样的错误。我知道老师的用心良苦，他就是为我好。

在寻找幸福的道路上，我读懂了幸福。幸福的滋味很甜美，幸福的感觉很温暖，幸福的时刻很美妙。

"小财迷"的礼物

陈晗元

我和邻居李明是"志同道合"的"吃货朋友"。以前我们实行AA制,经常凑钱去买炸土豆来享受生活。在美食中,我们结下了牢固的"吃货友情"。

可是,最近李明变了,他变得很吝啬。

那天,我约他继续我们的"土豆计划"。他却摆摆手说:"我不喜欢吃那些——"他停了一下,"炸土豆了,我现在喜欢这些。"他随手拿起一根白菜,冲我挥一挥:"要不要来一个?"我立马推辞:"不了,谢谢。"说完我转身找其他伙伴去了。

几天后,那天放学回家,我路过废品回收站,看见李明拿了一大堆花花绿绿的易拉罐卖钱,那一大堆罐子可不是一天两天就可以捡到的。李明换得钱后立刻塞进口袋,一副生怕被别人抢的样子。我突然觉得李明很爱财,不再是以前的李明了。

慢慢地，我和这个"小财迷"就疏远了。

这天放学回家后，李明对我说："你和我去一家店吧，陪我买点东西。"说完立刻跑开了，不给我问问题的时间，也不给我拒绝的机会，我只好追上去。

李明去的是一家卖暖手宝的店，他买了一个最好的暖手宝，然后对我说："我妈妈晚上要摆地摊，很辛苦。现在天冷了，我看到她的手已经冻裂了。我想，如果有一个暖手宝的话，她就不那么冷了，所以我才节省钱来想给她买一个好点的。"

回想起李明之前的种种"吝啬"行为，我突然理解了他，觉得李明这个"爱心暖手宝"闪烁着温暖的光芒。我这才想起来，爸妈也这么辛苦，我是不是也该给他们买点什么呢？

《少年国学派》进行时

卢江坤

　　国学，是我们祖先遗留下来的宝贵财富，蕴含着许多耐人寻味的道理，它包含着天文地理、衣食住行、待客礼仪，以及很多妙趣横生的小故事，在字里行间向我们传达着做事应遵循的条条规矩。现在，我细细读来，才恍然大悟，原来很多规矩老祖先早已给我们规定好了，我们一定要遵循呀！

报　　名

　　在一个风和日丽的下午，我们的班主任神秘兮兮地给了我们一张报名表，哦，是报名参加《少年国学派》。我仔仔细细地看了看上面的简介，这是一个国学素养综合类节目，里面有五位导师，他们都有着丰富的国学知识，尤其是康震导师，在《中国成语大会》上我就对他仰慕已久。我多么想加入他们的战队，获得更多的知识啊！除了获得知识外，我还能趁暑假之际增长见识，何乐而不为呢？于是，我积极地报了名，磨刀霍霍，随时准备迎战。

复　　赛

我成功报了名，参加了复赛，这场比赛可是在一百个人里面仅挑选出十个人呢！晋级的概率只有十分之一，看似平凡的我好像一定会落选，但我偏偏就是这么不平凡。我依靠一手好书法，再加上我对答如流，评委老师们都纷纷赞扬我是一个有潜力的孩子，给我举起了"通过"的牌。我成功晋级，成为了直接进京十人团中的一员。拿到直通票的那一刻，我简直飘飘欲仙，马上要乘风归去了。随后我还参加了采访，看，我要爆红了，嘻嘻！

但是我知道我的国学素养还不是那么出类拔萃，我一定要加油，赶上他们。为了提高我的国学素养，妈妈早已给我买了这次比赛的指定教材《国学》，这套书整整有十二本。乍一看，里面的知识真不少呢！我一回家就立刻津津有味地读了起来，我现在的心情，简直开心到想飞啊！

遗　　憾

　　虽然我成功晋级，获得了直通票，但是，却在临进京前出现了一个大难题，那就是我的弟弟。我的弟弟刚刚一岁多，还没有断奶。妈妈本来是想带着弟弟一起陪我进京的，可是临行前，在家庭会议上大家否决了这个冒险的做法，因为弟弟太小了，比赛时间又恰巧是一年里最热的时候，大家都担心弟弟的身体受不了。可我三年前和妈妈去北京旅游时，不幸感染过链球菌，与病魔足足抗争了大半年，妈妈是不会让我自己去的。最后妈妈让我自己做决定：是去还是放弃。已经精心准备了一个多月，当真要面临放弃时，我是多么不甘心。可我不能为了参加比赛，不管家人呀！最终我选择了放弃进京。

　　《少年国学派》之旅虽然结局充满了遗憾，可我在备赛的过程中学到了很多的国学知识。我最终的选择也正是对国学知识的践行——家人才是最重要的。比赛时时刻刻都会有，是金子，还怕不发光吗？只要有真才实学，还怕没有人赏识吗？我们成为了姜子牙，还怕没有文王吗？加油吧，国学少年！